Norbert Huppertz

Die Leitung des Kindergartens

Praxismaterial
Kindergarten

Norbert Huppertz

Die Leitung des Kindergartens

*Praktische Hilfen
für eine verantwortungsvolle Aufgabe*

Herder Freiburg · Basel · Wien

7. Auflage

Einbandfoto: Hartmut W. Schmidt, Freiburg
Textfotos: Uwe Tolksdorf, Freiburg;
Foto S. 168: Melitta Boschert, Gutach

Alle Rechte vorbehalten – Printed in Germany
© Verlag Herder Freiburg im Breisgau 1986
Herstellung: Freiburger Graphische Betriebe 1996
ISBN 3-451-20116-X

Vorwort und Einführung

Die Leiterin ist das Herzstück des Kindergartens. Wenn dieses in Ordnung ist, geht vieles gut. Zwar hängt davon allein nicht alles ab, doch ist es die zentrale Bedingung für das Funktionieren alles übrigen.

Es sei damit nicht von vorneherein der Leiterin allein die gesamte Verantwortung für alles im Kindergarten aufgeladen, doch darf ihre Bedeutung auch nicht unterschätzt werden. Daß die Leiterin das Herzstück des Kindergartens ist, will sagen, daß ein Kindergarten weitgehend so viel wert ist wie seine Leitung. Damit soll nicht in Frage gestellt sein, wie wichtig eine jede Person – Erzieherin, Kinderpflegerin, Praktikanten, Pflegepersonal usw. – im Team des Kindergartens ist. Allerdings wirkt sich eine gute Leitung insgesamt positiver aus – eine schlechte Leitung insgesamt negativer. Diese These löst bei Kindergartenleiterinnen des öfteren Erstaunen aus, so daß sie fragen: „Bin ich denn so wichtig? Bin ich denn soviel wert?" Meine Antwort ist: „Ja! Die Leitung ist so wichtig!" Dies muß jedoch richtig verstanden werden. Ich hoffe, daß in den Darlegungen dieses Buches deutlich wird, wie die Herzstück-These zu verstehen sei! Mein Wunsch ist, daß die „gestandenen" wie auch die zukünftigen Leiterinnen des Kindergartens – also die alten Hasen wie auch die Anfänger sowie die Leiterinnen in spe – hier brauchbare Informationen finden, die ihnen ihre Alltagsarbeit erleichtern und ihr Engagement erhalten und – besonders in den müden Phasen ihres Berufes – beflügeln können.

Die Arbeit der Kindergartenleitung ist nicht bis in jede Einzelheit normiert und festgelegt, sondern weitgehend offen und von den Betroffenen selbst bestimmbar, das macht sie auch (großenteils jedenfalls) so schön und interessant, kann aber je nach Selbst- und Fremdansprüchen zu Überforderungen führen. Ich hoffe, daß die hier vorgetragene Leitungstheorie diejenigen, für welche sie gedacht ist, nicht „erschlägt". Einen Kindergarten zu leiten ist eine durchaus anspruchsvolle Aufgabe, und wenn die vielfältigen Tätigkeiten beschrieben werden, dann kann es manchmal nach noch mehr aussehen. Sollten Sie, verehrte Kindergartenleiterin, bei der Lektüre zuweilen das Gefühl haben, „erschlagen zu werden", so möchte ich Sie zur Gelassenheit ermuntern und daran erinnern, daß Sie frei sind, Dinge zu tun, aber bei der großartigen Fülle der Möglichkeiten in ihrer Arbeit eben auch, Dinge nicht (!) zu tun. Wer sich sonst ausreichend engagiert, darf und muß auch einmal „nein" sagen können. Dies muß keineswegs seinem sozialpädagogischen Berufsethos widersprechen.

Dafür, daß ich das vorliegende Buch verfassen konnte, habe ich vielen zu danken. Zahlreiche Projekte mit vielen Kindergartenleiterinnen aus dem gesamten deutschsprachigen Raum kamen zur eigenen Idee, an der ich über Jahre in Lehre und Forschung gearbeitet habe, bereichernd hinzu. Für Austausch, Kritik und Anregung danke ich besonders Frau Dipl.-Päd. A. Scholten und Herrn Dipl.-Päd. U. Tolksdorf. Vieles konnte ich auch mit meinen Studenten vertiefend erörtern.

Norbert Huppertz

Inhalt

X. Die Öffentlichkeitsarbeit des Kindergartens – welches sind die Aufgaben der Leiterin dabei?

I. Die Vielfalt der Aufgaben in der Kindergartenleitung – wie läßt sich das alles bewältigen?

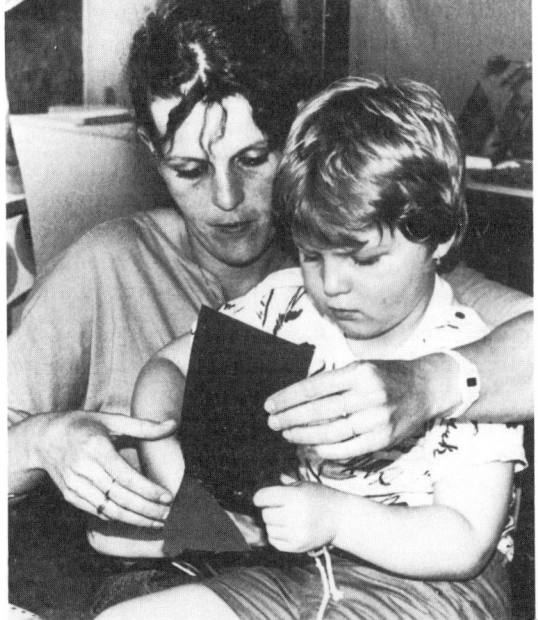

Was ein Kindergarten ist, weiß normalerweise jeder. Allerdings ist keineswegs jedem bekannt, wie vielfältig, aufwendig, zum Teil aufregend – aber auch durchaus interessant und schön – die Aufgabe der Leitung eines Kindergartens sein kann. Von außen sieht vieles oft einfach aus, manchmal sogar so, als liefe alles von allein. Die Erzieher des Kindergartens selbst wissen am besten, wie es sich genau verhält – vor allem die Leiterin. Sie kennt am besten die Sonnen- und Schattenseiten ihrer Tätigkeit.

1. Die zahlreichen Erwartungen an die Leiterin und ihr Rollenverständnis

Kindergartenleiterinnen haben ihre berufliche Tätigkeit in Bildern zum Ausdruck gebracht. „Als Kindergartenleiterin komme ich mir vor wie ..." – dazu haben sie Ergänzungen vorgenommen:

Kindergartenleitung hat viele Seiten

– wie ein Prellbock
– wie ein Motor
– wie die letzte Magd
– wie eine Quelle
– wie eine Sonne
– wie ein Fußabstreifer
– wie der Stamm eines Baumes
– wie ein Helfer und Vermittler
– wie ein Sündenbock
– wie eine Schießscheibe
– wie eine Freundin
– wie ein Aschenputtel
– wie ein Blitzableiter
– wie ein Kapitän

Es muß hier nicht analysiert werden, was diese „Bilder" alles an Erfahrungen ausdrücken können. Allerdings wird außer Positivem auch durchaus Negatives sichtbar.
Die Leiterin des Kindergartens steht mit einer ziemlich großen Anzahl von Personen und Instanzen in Beziehung, und alle haben sie – mehr oder weniger deutlich ausgesprochen – ihre Erwartungen an den Kindergarten bzw. an die Leiterin. Da sind keineswegs nur die Kinder

mit ihren Erwartungen, die Kolleginnen und der Träger, sondern die Palette der Instanzen ist viel breiter und das Spektrum an Erwartungen ist viel größer. Das folgende Schema verdeutlicht, mit wem die Kindergartenleitung im näheren oder weiteren Sinne in Beziehung zu sehen ist.

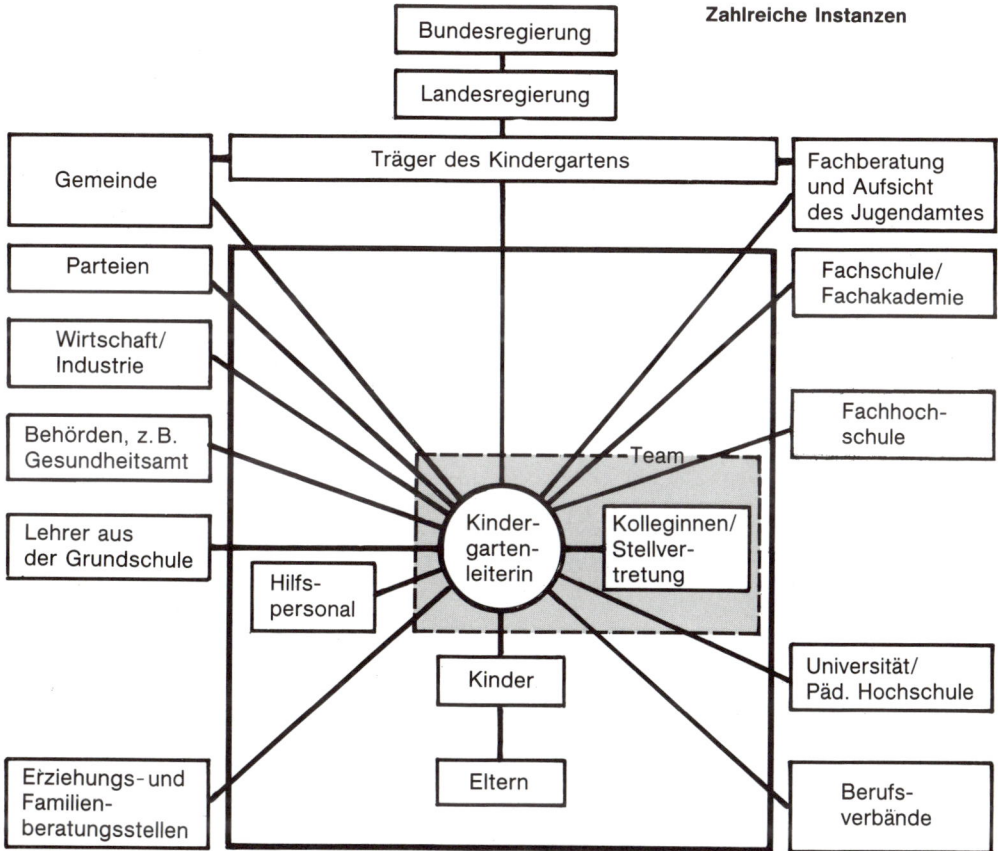

Eine sehr bunt gemischte Gruppe von Instanzen ist es also, die Interesse am Kindergarten haben bzw. haben sollten. Da ist z. B.

- der Träger – als Arbeitgeber und Vorgesetzter;
- die Fachberater – als Berater und Helfer, besonders in Konfliktfragen;
- das Jugendamt – als Aufsichts- und Kontrollinstanz;
- die Kolleginnen – als Mitarbeiter und Teammitglieder;

- die Praktikanten – als interessierte Berufsanfänger und Fragende;
- die Eltern – mit ihrem Interesse, besonders für das eigene Kind;
- die Kinder – als diejenigen, um die sich eigentlich alles drehen müßte;
- das Hilfspersonal – Hausmeister und Putzpersonal (falls vorhanden);
- die Lehrer der Grundschule – als „Abnehmer" der Kinder;

Vielerlei Erwartungen

- die Lehrenden an wissenschaftlichen Hochschulen – als Lehrstuhlinhaber mit dem Gebiet Kindergarten und Vorschulpädagogik;
- die Fachhochschulen und Fachschulen – als Interessenten für Praktikumstellen;
- die Berufsverbände – mit ihren Angeboten und Vorstellungen;
- Vertreter aus Wirtschaft und Industrie – als Anbieter von Spielmaterial und Einrichtungsgegenständen (nicht selten aufdringlich);
- die politischen Parteien – mit ihren Vorstellungen von vorschulpädagogischer Betreuung und frühkindlicher Erziehung;
- die Gemeinde, und zwar die kirchliche wie auch die bürgerliche Gemeinde – in welche der Kindergarten immer zwangsläufig eingebunden ist.

Alle diese Instanzen – die Auflistung will keinerlei Rangfolge zum Ausdruck bringen – haben selbstverständlich noch eine ganze Reihe anderer Merkmale als die jeweils genannten, und vor allem haben sie, mehr oder weniger ausgeprägt, ihre Vorstellungen von einer „guten Kindergartenarbeit" und von einer „guten Leiterin" und den damit verbundenen Erwartungen. Damit soll nun die Leiterin umgehen und fertig werden, und zwar zufriedenstellend für diese Instanzen, zufriedenstellend aber auch für sie, die Leiterin selbst. Ich sehe eine große Gefahr darin, daß eine Leiterin in diesem Instanzenwirrwarr gleichsam zum Spielball der einzelnen Interessen werden kann, indem sie versucht, es einmal diesem und das nächste Mal jenem recht zu machen. Was aber soll sie tun? Bei dieser Beschreibung darf natürlich nicht außer acht gelassen werden, daß es mehr oder weniger hautnahe Instanzen gibt, mit denen die Leiterin ständig gleichsam auf Tuchfühlung ist, wie z. B. die Kolleginnen und Eltern, und andere, die ferner sind oder aber sich nicht um den Kindergarten kümmern, obwohl es nötig wäre. Aber auch die Problematik mit den nächsten Instanzen kann gerade groß genug sein und weist nicht selten dramatische Züge auf, je nachdem, was sich alles an ungeregeltem Konfliktstoff angesammelt hat. Was es da nicht alles an zum Teil geradezu abwegigen und abstrusen Erwartungen gibt!

Nähere und weitere Instanzen

Nun kann man im Einzelfall sicher darüber streiten, ob eine Erwartung gerechtfertigt ist oder nicht; ob etwas zur Aufgabe der Kindergartenleitung gehört oder nicht; oder ob man es gar schon als Zumutung bezeichnen muß und womöglich besser von unzumutbar sprechen müßte. Wonach soll das entschieden werden, und vor allem: Wer ist kompetent für eine solche Entscheidung?

(Vgl. Kapitel V: Konflikte, S. 117 ff. dieses Buches.)

Festzustellen ist zunächst einmal folgendes: Erwarten, beanspruchen und fordern kann jemand vieles – es ist nur die Frage, ob er einen Anspruch darauf hat, daß es erfüllt wird, und ob Sie als Leiterin verpflichtet sind, danach zu handeln.

Nicht alle Ansprüche sind gerechtfertigt

Die Leiterin des Kindergartens sollte sich darüber im klaren sein, daß man zwar einerseits keineswegs alles oder beliebig viel von ihr erwarten oder gar fordern darf, daß sie sich aber andererseits mit dem Kindergarten und mit ihrer Rolle in einer grundsätzlich offenen Situation befindet; d. h.: Für die allermeisten Bereiche in ihrer Arbeit gibt es keine eindeutigen Verordnungen, Bestimmungen, Erlasse oder Gesetze, sondern die Dinge müssen je neu ausgehandelt und evtl. je neu entschieden werden. Diese Situation hat ihre Nachteile, aber auch durchaus ihre Vorteile, wobei ich denke, daß die Vorteile überwiegen. Es ist ja gerade auch das Interessante und geradezu Spannende in der sozialpädagogischen Arbeit, daß sie nicht eindeutig normiert und damit reglementiert ist und daß sie damit im Vergleich zu den allermeisten sonstigen beruflichen Tätigkeiten den kreativen Möglichkeiten des einzelnen genügend Raum läßt. Ich sehe gerade darin auch für den Kindergarten die große Chance, und zwar trotz der zum Teil sicherlich schmerzenden Problematik, daß es in Einzelfällen zu unangemessenen Beanspruchungen kommt.

Zum Glück ist nicht alles reglementiert

Ob ein an uns gerichteter Anspruch, sei es privat oder beruflich, erfüllt werden muß, hängt auch damit zusammen, um welche Art von damit verbundener Norm es sich handelt. Da muß man genau unterscheiden: Es gibt erstens Dinge, die man „tun muß" (sie haben den höchsten Verpflichtungsgrad und heißen Muß-Normen), zweitens Dinge, die man „tun soll" (sie haben einen geringeren und weniger eindeutigen Verpflichtungsgrad und heißen Soll-Normen), und drittens Dinge, die man „tun kann" (sie haben den geringsten Verpflichtungsgrad und heißen Kann-Normen). Bei der Verletzung von Muß-Normen können meist rechtlich klar fundierte Konsequenzen (Sanktionen) erfolgen, z. B. wenn die Leiterin ohne zwingenden Grund zu spät zum Dienst kommt. Soll-Normen dagegen haben zwar auch oft einen starken Verpflichtungsgrad, Verstöße dagegen können aber keineswegs so klar negative Sanktionen nach sich ziehen, z. B., wenn eine Kollegin nicht gewillt ist, einen Elternabend auf Gruppenebene durchzuführen. Bei der Erfüllung von Kann-Normen wird gleichsam „ein übriges getan", zu dem jemand aber keineswegs gehalten ist; so z. B. wenn die Leiterin im Kindergarten die Vorhänge selbst häkelt – etwa weil ihr die alten nicht mehr gefallen und ihr das Häkeln Spaß macht.

Interessant ist für uns, daß der weitaus größte Teil der Kindergartenarbeit und der Leitungsarbeit als Tätigkeiten im Sinne von Soll-Normen gesehen werden muß, d. h. als Arbeiten, deren Verwirklichung überhaupt und im einzelnen weitgehend dem Engagement des einzelnen anheimgestellt ist. Erstaunlich ist nun, daß trotz der wenig eindeutigen Normierung der Kindergartenarbeit in den meisten Kindergärten und bei den meisten Leiterinnen ein so großes Engagement für die Arbeit vorherrscht – ja, fast bin ich geneigt zu sagen, das Engagement sei so groß *wegen* der geringen Normierung und *wegen* der daraus resultierenden Entfaltungsmöglichkeiten. Das Gegenstück finden wir in vielen Beispielen der, wie man gesagt hat, administrativ verstörten Schule. Deshalb wird kaum eine Kindergartenleiterin einen Schulleiter beneiden – unter diesem Gesichtspunkt. Die Freiheit ist ein hoher Wert. Die Vielfalt der Erwartungen kann nun aber auch durchaus erdrückend wirken, je nachdem, wie geballt sie auf je-

Muß-Normen

Soll-Normen

Kann-Normen

Woher kommt das Engagement?

mand treffen, und je nachdem, wie unerwartet und vehement sie vorgebracht werden, und je nachdem, wie die Leiterin in ihrer Persönlichkeit gerade disponiert ist.

„Ich finde es so schlimm, daß ich darüber lachen muß, wenn es nur nicht so traurig wäre, was ich da alles erfahre", sagt eine Leiterin, als es um die Erwartungen ihres Trägers an sie geht. „Ja, oft finde ich es auch unerträglich", wird ihr beigepflichtet. „Aber trotzdem finde ich meinen Beruf sehr schön", bringt eine dritte Leiterin zum Ausdruck und findet viel Zustimmung. Es ist schon eine interessante Sache: die allermeisten Kindergartenleiterinnen sind gerne in ihrem Beruf tätig, und das finde ich gut: „Wie gerne sind Sie Leiterin des Kindergartens?" fragte ich 1984 in einer umfangreichen Studie. Von 120 Kindergartenleiterinnen antworteten 50% „sehr gern", 45% „gern" und nur 5% „weniger gern"; „Ungern" gab niemand an. Zugleich sagen aber auch die allermeisten Leiterinnen, daß sie sich des öfteren überfordert fühlen.

Bei der Betrachtung der Situation der Kindergartenleitung im ganzen – also: die vielen Erwartungen einerseits und die unklare Normiertheit andererseits – kommt es in vielen Fällen auch zu unliebsamen Erscheinungen, denen die Leiterin meistens nur durch eigene, aktive Klärungsarbeit abhelfen kann: Sie muß ein aktives Selbstkonzept finden! Was heißt das? Es hat mit der Berufsrolle zu tun.

Aktives Selbstkonzept

Der Begriff „Rolle" und damit auch die Rolle der Kindergartenleitung wird oft von den Erwartungen her definiert, die die Erwartungsinstanzen, also der Träger, die Eltern, die Kolleginnen usw., an den Rolleninhaber, also an die Leiterin, haben. Die Berufsrolle der Leiterin würde dann also nur von anderen bestimmt. Das ist aber nur die eine Seite, und wir haben gesehen, wie die Leiterin angesichts der sehr offenen Situation dabei zum Spielball der Interessen werden könnte. Man spricht bei dieser Sichtweise gerne von einem sog. role-taking, was soviel wie „Nehmen der Rolle" bedeutet.

Die andere Seite ist aber die Person selbst, an welche sich die Erwartungen richten, nämlich die Leiterin. Selbstverständlich muß auch sie selbst in der Festlegung „ihrer" Rolle mittun; denn sie ist es ja, von der diese Rolle ausgefüllt werden soll, und sie ist es auch, die die förmliche Qualifikation als pädagogische Fachkraft, also die Erzieherausbildung, besitzt. Dieses wiederum enthebt sie aber keineswegs der Verpflichtung, die Interessen und Erwartungen der anderen zu sehen und sich ernsthaft damit zu befassen. Mögen sie teilweise zunächst auch noch so abwegig erscheinen, bei ausreichender Flexibilität und Partnerschaft kann man den Dingen meistens doch etwas abgewinnen. Ich möchte deshalb plädieren für ein engagiertes und aktives Ausfüllen der Berufrolle von seiten der Leitungsperson selbst; nicht im Sinne von role-taking, sondern durch role-making, was so viel heißt wie „Machen der Rolle“. Ich möchte hierfür den Begriff des aktiven Selbstkonzepts verwenden, d. h.: Die Erwartungen der einzelnen Erwartungsinstanzen (Träger, Eltern usw.) sollen gesehen und ernst genommen und mit den eigenen Ansprüchen in Einklang gebracht werden bzw. umgekehrt. Es dürfte dabei so sein, daß es in den allermeisten Punkten Übereinstimmung gibt zwischen den eigenen Vorstellungen und denen der anderen. In den nicht harmonierenden Bereichen müssen Zugeständnisse gemacht und Kompromisse erarbeitet, oft aber auch Auffassungen sowie Einstellungen verändert werden. Eine geglückte Verbindung von Eigenständigkeit und Partnerschaft führt dann oft zum besten Ziel. Die Diskussion mit dem anderen, manchmal auch der Konflikt, muß dabei nicht gescheut werden – wenn es nur fachlich fundiert und in engagierter Sympathie geschieht.

Eigenständigkeit und Partnerschaft

2. Die wirklichen Aufgaben der Leiterin

Bei den folgenden zwölf Funktionen spiegelt sich der Alltag der Kindergartenleitung in seiner ganzen Vielfalt. Die Beschreibung geschieht in keiner bestimmten Reihen- oder Rangfolge. Wie im Leitungsalltag die Aufgaben vermischt auftreten, so muß man es sich auch hier vorstellen. Die Aufteilung in die einzelnen Funktionen erfolgt aus Gründen der Systematisierung und Verdeutlichung. Wie an manchen anderen Stellen des Buches, so muß auch hier die Hoffnung geäußert werden, die Analyse möge für die in der Praxis engagierten Leiterinnen nicht „erschlagend“ wirken – nach dem Motto: Das alles soll ich tun? Beabsichtigt ist vielmehr eine Erkenntnis der folgenden Art: Jetzt verfüge ich in etwa über eine Beschreibung meiner Tätigkeit. Ein komplexer Aufgabenbereich kann durchaus klarer werden, wenn eine theoretische Ordnung erfolgt.

Die Beschreibung soll nicht „erschlagen“!

2.1 Integrieren – eine gute Atmosphäre schaffen

Was man im Kindergarten als Atmosphäre bezeichnet, ist nicht einfachhin von Natur aus gut oder schlecht, sondern die Personen sind es, die hier prägend wirken. Sie sind es, die das Klima, wie man auch sagt, verbessern oder verschlechtern. Mag die Atmosphäre auch nicht ganz unabhängig sein von der äußeren Art und Gestaltung der Einrichtung, so geben den Ausschlag doch die Menschen, die dort arbeiten sowie ein- und ausgehen: die Erzieher, die Eltern, die Trägerverantwortlichen usw. Genauer sind deren Beziehungen zueinander gemeint. Ob die Menschen einander mögen, ob sie einander gleichgültig sind oder ob sie sogar feindselig zueinander eingestellt sind, ob Sympathie und Vertrauen oder Mißtrauen und Antipathie vorherrschen, davon hängt die Atmosphäre im Kindergarten ab. Davon hängt ab, ob jemand gerne im Kindergarten ist, sich angenommen und integriert fühlt, oder ob er den Kindergarten widerwillig und mit Schwellenangst betritt, sich nicht angenommen und integriert fühlt. Mag nun dies alles die Leiterin nicht ganz allein in der Hand haben, so kann sie aber doch weitgehend integrativ wirken und die Atmosphäre gestalten. Ob und wie sie mit Kolleginnen, den Eltern und dem Träger Kontakte schafft, Konflikte regelt, das hängt weitgehend von ihr selbst ab. Das ist nicht einfach damit abzutun, daß gesagt wird, entweder habe jemand Ausstrahlung und dann wirke er anziehend und Atmosphäre stiftend, oder er habe sie nicht und wirke deshalb auch nicht attraktiv, sondern eher abstoßend. Ob die Kindergartenleiterin freundlich und einladend auf Eltern und Kolleginnen „zu-geht" und wie sie dem Träger begegnet, das bestimmt die Beziehungen und prägt die Atmosphäre, und das hängt doch weitgehend von ihrem Wollen und ihrer Bereitschaft ab. Voraussetzung für tragfähige und erfreuliche Beziehungen ist auch eine bestimmte Quantität an Kontakten, sei es z. B. bei gemeinsamen Festen und Feiern, beim Betriebsausflug oder bei außerdienstlichen Treffen. Doch kann dies allein nicht ausreichen, ja es ist wohl nicht einmal der entscheidende Punkt: Ob der tägliche Umgang liebevoll und freundlich geschieht oder lieblos und herabsetzend – das macht die Atmosphäre letztlich aus. Inte-

Der liebevolle und freundliche Umgang schafft die Atmosphäre

Jeder möchte akzeptiert sein

grieren als Aufgabe der Kindergartenleiterin heißt schließlich u. a. schlichten und harmonisieren zwischen Instanzen und Personen mit kollidierenden Interessen. Die Leiterin kann gut darauf achten, daß jeder akzeptiert wird und daß das erforderliche Maß an Übereinstimmung erreicht wird. Bei der Aufgabe der Integration sind große Ansprüche an ihre Leitungsfähigkeit und ihr Einfühlungsvermögen gestellt.

2.2 Organisieren – gut gekonnt, ist fast getan

Organisieren heißt soviel wie einrichten, ordnen, aufbauen usw. Wenn jemand gut organisieren kann, dann sagt man von ihm, er sei ein Organisationstalent. Ich glaube, daß es ein großer Vorteil für die Leiterin ist, wenn sie ein wenig von diesem Organisationstalent hat. Jeder kennt auch Leute, von denen es heißt, daß ihnen „jede Organisationsfähigkeit fehlt". Interessant ist die wörtliche Herkunft von organisieren: Es kommt vom griechischen Wort „Organon", und das heißt Werkzeug, nahm dann wohl ins Deutsche den Weg über das französische „organiser" und bedeutet von daher soviel wie „mit Organen

„Mit Organen versehen"

versehen". Organe sind lebenswichtig, und insofern kann gesagt werden, daß der gut organisierte Kindergarten auch der lebendige, also der mit Organen versehene Kindergarten ist. Der Alltag verlangt der Kindergartenleiterin und dem Team ständig Organisationsarbeiten ab. Das meiste davon ist nach dem gesunden Menschenverstand zu erledigen und bedarf keiner genauen Anweisung.

Hier nur einige Beispiele, die von Kindergartenleiterinnen als wichtig angesehen werden.

Beispiele

In manchen Kindergärten wird eine Chronik geführt, d.h. eine Art „Tagebuch" über Ereignisse, die es festzuhalten lohnt, z.B. Feste und sonstige Höhepunkte. In diesen Berichten steht u.a., was gebraucht worden ist, z.B. Getränke, Gebäck, Kosten, Anzahl der Besucher, aufgetretene Probleme und Schwierigkeiten usw. Man kann solche Informationen auch in sachbezogenen Ordnern festhalten. Die Leiterin müßte sich dabei vorstellen, daß sie am nächsten Tag nicht zum Dienst kommen kann und daß dann eine stellvertretende Kraft alles übersichtlich geordnet und abgeheftet vorfinden können sollte.

Zum Organisieren gehört nicht nur Dinge in Gang bringen und in Gang halten können, sondern auch das richtige arbeitsteilige Vorgehen im Kollegium sowie das Koordinieren von Aktivitäten, z. B. Terminabstimmungen und -absprachen. Die vielen Besorgungen und Einkäufe für den Kindergarten muß keineswegs die Leiterin immer selbst erledigen. Bei Festen usw. können manche, besonders organisatorische Arbeiten von Eltern übernommen werden. Ähnliches gilt für Ferienmaßnahmen, Exkursionen usw.

Was ein gut organisierter Kindergarten ist, zeigt sich vor allem bei zeitweiliger Abwesenheit der Leiterin, z. B. wegen Teilnahme an Fortbildung o. ä. Ist die Leiterin abwesend, sollte geklärt sein, wer die Stellvertretung hat. Auch das gehört zu einer guten Organisation. Ratsam ist, für die Abwesenheit der Leiterin mit der Vertretung und den Kolleginnen zu vereinbaren, daß über alles, was wichtig sein könnte, auf einem Zettel eine Notiz gemacht wird, z. B. über Telefonanrufe usw., und zwar möglichst mit Datum und dem Namen der Kollegin, die mit der Sache befaßt gewesen ist. Über Akten und Ordner sollten generell auch die anderen Erzieher Bescheid wissen. Zu einer guten Organisation gehört überhaupt eine entsprechende Transparenz der Leitungsarbeit, damit andere ggf. einspringen können. Es ist wirklich vielerlei, was hier in Frage kommt, wie z. B. auch Vereinbarungen schriftlich festzuhalten (sog. Aktennotiz), Protokolle fertigen usw.

Abwesenheit der Leiterin

2.3 Verantworten – trägt die Leiterin für alles die letzte Verantwortung?

Es ist so: Wer an der Spitze einer Abteilung oder gar einer ganzen Institution steht, der hat normalerweise die Verantwortung für das, was in seinem Bereich geschieht. Wie ist das bei der Leitung des Kindergartens? Was heißt Verantwortung?

Verantwortlich sein heißt, für etwas Verantwortung „tragen". Nicht ohne Grund hat die deutsche Sprache hier das Wort „tragen". Offensichtlich kann mit Verantwortung durchaus auch Last verbunden sein. Etwas verantworten kann zunächst einmal bedeuten: für etwas „gerade stehen"; die Konsequenzen tragen, wenn etwas nicht klappt: für Fehler einstehen müssen; gegenüber dem Träger des Kindergartens z. B. Rechenschaft ablegen müssen; die deutsche Sprache kennt auch den Ausdruck „den Kopf für etwas hinhalten": „Einer muß immer den Kopf hinhal-

Was heißt Verantwortung?

ten." Verantworten kann im Einzelfall auch heißen: „für etwas haften" (z. B. mit Geld bei Strafen usw.). Wir kennen aus der Alltagssprache das schlimme Wort, „daß Köpfe rollen", wenn z. B. irgendwo in einer Affäre Schuldige gesucht und ausfindig gemacht werden. Verantworten muß aber keineswegs nur negative Akzente haben. Leiten heißt jedenfalls immer auch Verantwortung tragen, und das hat gewiß stets etwas zu tun mit Engagement, Mut und eventuell Angst. Verantwortung übernehmen besagt auch immer eine gewisse Risikobereitschaft.

Risikobereitschaft

Wer gar kein Risiko eingehen will, darf nicht irgendwo leitend tätig werden. Verantwortung übernehmen setzt Eigenständigkeit und ein gewisses Maß an Freiheit voraus, damit verbunden auch Reife und Pflichtbewußtsein. Wo jemand Verantwortung übertragen wird, übernimmt er die Pflicht, die Erwartungen dessen in verantwortungsbewußtem Handeln zu erfüllen, der die Verantwortung zu übertragen legitimiert ist. Das Gegenteil von verantwortungsbewußtem Handeln ist Leichtfertigkeit oder gar Fahrlässigkeit.

Wofür trägt nun die Leiterin des Kindergartens die Verantwortung? Bei der ziemlich normoffenen Situation des Kindergartens insgesamt kann dies bis ins kleinste natürlich nicht gesagt werden. In den Dienstanweisungen und Dienstordnungen – jede Leiterin wird sie besitzen, falls für ihren Bereich eine vorhanden ist – finden wir Angaben über die förmliche Festlegung der Verantwortungsgegenstände sowie Angaben darüber, wem gegenüber die Verantwortung besteht.

Dienstanweisung des katholischen Kindergartens

In der Dienstanweisung beispielsweise für das Bistum Münster heißt es:
Die Leiterin trägt mit dem Träger und den Eltern die Verantwortung für die gesamte pädagogische, pflegerische und organisatorische Arbeit. Sie ist verantwortlich für die Planung und Durchführung der Erziehungs- und Bildungsarbeit; für den Kindergartenbereich ist dabei der in § 2 KgG und in kirchlichen Bestimmungen formulierte Bildungsauftrag zu beachten.

Die Leiterin trägt in diesem Rahmen z. B. die Verantwortung für:
– Zusammenarbeit aller am Erziehungsprozeß Beteiligten,
– Einteilung der Arbeitszeit aller Mitarbeiter,
– wöchentliche Dienstbesprechungen der Mitarbeiter,
– Anleitung neuer Mitarbeiter und Praktikanten,
– Fort- und Weiterbildung aller Mitarbeiter,
– Planung und Durchführung von Elternarbeit,

– Zusammenarbeit mit dem Elternrat und Mitarbeit im Kindergartenrat,
– Teilnahme der Gruppenleiterinnen an Sitzungen des Kindergartenrats,
– schriftliche Aufzeichnungen über Dienstbesprechungen, Kindesbeobachtungen und Gespräche mit Eltern u. a.,
– Aufnahme der Kinder nach den festgelegten Grundsätzen und gesetzlichen Bestimmungen,
– Führung eines Inventarverzeichnisses,
– Kontrolle des Materials und Mobiliars sowie Vorschläge zur Ergänzung und Neuanschaffung,
– Akten- und Karteiführung,
– Verwaltung der ihr zur Verfügung stehenden Gelder,
– Anfertigung des Jahresberichtes, u. a. zur Vorlage an den Träger,
– rechtzeitige Information des Trägers über Tatsachen, die zur vorübergehenden Schließung einer Gruppe bzw. der Einrichtung führen können,
– Verkehr mit Behörden, soweit dies nicht Sache des Trägers ist,
– Aufnahme und Pflege von Kontakten zu den Grundschulen und anderen Bildungs- und Erziehungsinstitutionen.

Die Leiterin ist für die Einhaltung hygienischer und gesundheitlicher Vorschriften verantwortlich:

– Meldung übertragbarer Krankheiten nach dem Bundesseuchengesetz,
– Meldungen von Unfällen an Träger und Versicherung,
– Überwachung der jährlichen Kontrolluntersuchungen aller Mitarbeiter einschließlich des Wirtschaftspersonals,
– Prüfung und Ergänzung der Hausapotheke.

Es ist also eine sehr umfassende Verantwortung, die hier der Leiterin übertragen ist, andererseits ist diese Verantwortung aber auch geteilt, und zwar „mit dem Träger und den Eltern", wie es heißt, und zwar „für die gesamte pädagogische, pflegerische und organisatorische Arbeit". Aber: „Für Planung und Durchführung der Erziehungs- und Bildungsarbeit" ist nach dieser Dienstanweisung die Leiterin verantwortlich. Ergänzend dazu heißt es über die Aufgaben der Gruppenleiterin, sie habe „innerhalb ihrer Gruppe die Verantwortung für die Planung, Gestaltung und Durchführung der pädagogischen Arbeit".

Die Verantwortung ist geteilt

Über die Teilung der Verantwortung findet man in den „Bestimmungen über den Kirchenvorstand für das Bistum Münster" ebenfalls wichtige Hinweise. Für den Kindergarten sind die folgenden, dort abgedruckten Aussagen von Bedeutung:
Der Pfarrer ist Vorsitzender des Kirchenvorstands. Er ist für die pädagogische Arbeit (Ziele, Aufgaben, Inhalte) verantwortlich und kann z. B. der Erzieherin Arbeitsanweisungen erteilen. Er ist Dienst-

Dienstvorgesetzter

vorgesetzter für Leiter und Erzieher des Kindergartens. Er erteilt Erholungsurlaub und Sonderurlaub und nimmt für die Kirchengemeinde Arbeitsunfähigkeitsbescheinigungen entgegen, erteilt Arbeitszeugnisse, Dienstreisegenehmigungen usw. Diese Aufgaben können zum Teil auf andere Stellen delegiert sein.

Eine außergewöhnliche Rolle

An der hier vorgestellten Regelung aus dem Bistum Münster wird ganz deutlich, daß die Kindergartenleiterin eine außergewöhnliche Rolle innehat: eine Rolle, in der sie angewiesen ist auf Teamarbeit, ständige Gesprächsbereitschaft nach und von allen Seiten, einen partnerschaftlichen Umgangsstil usw. Sie hat keine Befehlsempfänger um sich und verfügt nicht über Untertanen, sondern sie muß im wesentlichen mit dem Wort und dem Argument wirksam sein. Die Verantwortung für den Kindergarten ist geteilt, allerdings ist sie innerhalb des Teams nicht gleich ver-teilt. Darüber muß sich die Leiterin im klaren sein. Dort trägt sie im Ernstfall den Hauptanteil. Deshalb ist sie gerade in kritischen Situationen auf die Solidarität eines guten Teams, einer engagierten Elternschaft und eines verständnisvollen Trägers angewiesen. Ähnlich stellt sich der Leiterin die Aufgabe der Verantwortung nach der Dienstordnung im evangelischen Kindergarten.

Als Beispiel nehmen wir die Äußerungen der Evangelischen Landeskirche in Baden. In der Präambel wird dort von allen Mitarbeitern u. a. verlangt: „Fortbildung, Teamarbeit und partnerschaftliche Zusammenarbeit mit dem Träger … und den Eltern". Über die Aufgaben der Leiterin heißt es:

Die Leiterin ist dem Träger gegenüber im Rahmen der Gesamtkonzeption für die Arbeit in der Kindertagesstätte verantwortlich. Hierzu gehört insbesondere

1. Erstellung, Abstimmung und Umsetzung der pädagogischen Konzeption.

2. Organisation des laufenden Betriebs.

3. Führung der Mitarbeiterinnen.

4. wöchentliche Dienstbesprechungen.

5. Regelung der Vertretung bei Erkrankung, bei Beurlaubung und Dienstbefreiung im Einvernehmen mit dem Träger.

6. Durchführung der Verwaltungsaufgaben, z. B. einwandfreie Ablage der Anmeldeformulare, der ärztlichen Bescheinigungen und Karteikarten, Führung und Überwachung der Anwesenheitslisten und Arbeitspläne, Verwahrung der Gelder und Schlüssel sowie Einhaltung der Bestimmungen des Datenschutzes,

7. geordnete Ablage der eingehenden Rundschreiben und Arbeitshilfen nach vorheriger Bekanntgabe an alle Mitarbeiterinnen.

8. Führung der Inventarlisten.

9. ggf. Abrechnung der Elternbeiträge.

10. die Ordnung und Sauberkeit in den Räumen und auf dem Spielplatz, einschließlich Überwachung und Reinigung.

11. die pflegliche Behandlung der Einrichtung der Kindertagesstätte, Meldung von Gebäudeschäden und ggf. Veranlassung von dringenden Kleinreparaturen,

12. Verwaltung der Bewirtschaftungsmittel sowie

13. die Kontrolle der Räume und Treffen von Vorkehrungen, daß außerhalb der Öffnungszeiten keine Schäden (z. B. infolge offenstehender Fenster, durch Einfrieren usw.) entstehen können.

Dienstordnung des evangelischen Kindergartens

§ 22

Die Leiterin regelt die Aufnahme der Kinder nach den vom Träger im Benehmen mit dem Elternbeirat festgelegten Grundsätzen.

Bei der Aufnahme sind die gesetzlichen Bestimmungen und die Richtlinien des Trägerverbandes zu beachten.

§ 23

Die Leiterin ist für die Einhaltung hygienischer und gesundheitlicher Vorschriften verantwortlich:

1. Meldung übertragbarer Krankheiten nach dem Bundesseuchengesetz,

2. Meldung von Unfällen an Träger, Versicherung und Trägerverband,

3. Überwachung der jährlichen Kontrolluntersuchungen aller Mitarbeiterinnen sowie

4. Prüfung und Ergänzung der Hausapotheke.

§ 24

Soweit einzelne Aufgaben der Gruppenleiterin übertragen sind, hat die Leiterin die ordnungsgemäße Durchführung zu überwachen.

Nicht unbetont bleiben darf, daß Verantwortung tragen für den oder die Verantwortlichen auch Rechtsfolgen haben kann, ja es kann sogar so verstanden werden, daß gerade im Rechtsfall zunächst einmal klar ist, an wen man sich zu wenden und zu halten hat. Die bekannt gewordenen Urteile aus dem Kindergartenbereich zeigen, daß von den Erziehern – besonders aber von der Leiterin – gerade bei gefährlicheren Aktivitäten, die sich im Kindergartenleben ergeben, Umsichtigkeit und verantwortungsbewußtes Handeln erwartet werden dürfen. Es ist z. B. richtig, wenn die Leiterin von Zeit zu Zeit den Punkt „Sicherheit im Kindergarten" auf die Tagesordnung der Teamsitzung bringt und im schriftlichen Protokoll vermerkt wird, daß

Rechtliche Absicherung sie dazu Informationen gegeben hat. Dann dürfte sie auch rechtlich abgesichert sein. Die Leiterin darf dabei nicht in übertriebene Ängstlichkeit verfallen und der Gefahr der ständigen Gängelei von Kindern und Kolleginnen erliegen. Man steht auch nicht stets mit einem Bein im Gefängnis, wie der Erziehervolksmund es zu sagen pflegt. Allerdings soll nicht für ein leichtfertiges In-den-Tag-Hineinleben plädiert werden. Klugheit und Umsicht, aber auch Interesse und Engagement, das sind die besten Berater für verantwortungsvolles Handeln.

2.4 Informieren und beraten – wer Bescheid weiß, wird sich mehr engagieren

Von Folgendem kann die Leiterin mit Gewißheit ausgehen: Ein engagiertes Team, auf das sie dringend angewiesen ist, hat sie nur, wenn jede Kollegin gründlich informiert ist; denn wer nicht informiert wird, sieht sich nicht einbezogen und ist nicht aktiviert. Wichtig ist dabei, daß die Kolleginnen sich einbezogen fühlen (!), also daß die Informationen auch tatsächlich aufgenommen, verarbeitet und für richtig gehalten werden. Das gleiche gilt für Eltern und Träger. Immer dann, wenn ungenügende Informationen vorliegen, wird auch das Interesse für eine Sache gering sein. Die Leiterin darf sich nicht beklagen, der Träger interessiere sich nicht für den Kindergarten, solange sie nicht alles unternommen hat, um ihn zu informieren.

Wir wissen heute meistens nicht, welche Bedeutung das Wort „informieren" von seiner Wortwurzel her hat; es be-

Was heißt „informieren"? deutet „eine Gestalt geben; formen; bilden". Für unseren Zusammenhang können wir ruhig sagen: Durch die Art der Information kann die Leiterin dem Kindergarten „eine Gestalt geben", die Arbeit „formen" und eine gute

Atmosphäre „bilden". Informieren heißt Kenntnisse und Wissen weitergeben. Ein Verhalten nach dem Motto „Wissen ist Macht", „und deshalb behalte ich möglichst viel davon zurück", wäre für die Kindergartenleitung geradezu töricht. Nur ein informierter Mitarbeiter fühlt sich integriert und ist motiviert. Nur so kann jeder seine Aufgabe richtig wahrnehmen.

„Informieren" als Aufgabe der Leiterin ist nun in zweifacher Hinsicht zu verstehen, nämlich als „sich selbst informieren", aber auch als „andere informieren". So wird die Leiterin sich z. B. in der Elternarbeit über das Kind und dessen Familie informieren, am Elternabend aber den Eltern Informationen, z. B. über das didaktische Konzept des Kindergartens, geben. Sie wird sich und das Team informieren lassen, wenn eine Kollegin von einer Fortbildung zurückkommt (Frage: „Wie war es?" „Was können wir für unsere gemeinsame Arbeit davon profitieren?"). Die Leiterin wird das Kollegium informieren, z. B. wenn mit dem Träger Fragen besprochen wurden, die für alle wichtig sind (falls in ein solches Gespräch nicht alle Kolleginnen einbezogen sind); berichten wird sie auch über die Fortbildungsteilnahme sowie über die Fortbildungsangebote, oder wichtige Punkte aus der Leiterinnenkonferenz, usw. Aus den zahlreichen Informationsadressaten und -inhalten sollte hier nur einiges genannt sein. Die Leiterin kennt die Vielfalt der Dinge aus ihrem Alltag selbst am besten. Vor allem weiß sie, wieviel Mühe und Aufwand die schriftlichen Informationen (Briefe, Statistiken usw.) oft bereiten.

Sich und andere informieren

Bei der Vermittlung von Informationen im Kindergarten sollte noch bedacht werden, welchen Verlauf sie nehmen. Der Kindergarten ist nicht die rein hierarchisch gegliederte Organisation, bei der die Kommunikation streng von oben nach unten verläuft: Teamarbeit und Partnerschaft lassen das nicht zu. Die pädagogische Arbeit selbst verbietet es, daß „oben" Befehle gegeben werden, die „unten" nur noch auszuführen sind. Manche Informationen werden freilich den hierarchischen Weg gehen. Das muß so sein, wo Leitung und Verantwortung sind. Allerdings muß die Aufgabe der Leiterin auch darin gesehen werden, daß sie für genügend Information von seiten aller am Kindergartengeschehen Beteiligten sorgt, nicht zuletzt von

Nicht immer von oben nach unten

seiten aller Mitarbeiter, inklusive Hilfspersonal. (Bei den Regeln der Kommunikation wird z. B. für die regelmäßige Rückmeldung plädiert.)

Mancherorts hat man im Personalraum am Informationsbrett eine sog. Meckerecke eingerichtet, wo von allen z. B. der Ärger über Verstöße gegen die Regeln bei den Kleinigkeiten des Alltags zum Ausdruck gebracht werden

Jeder soll anregen können kann (Aschenbecher leeren, Tassen spülen u. ä.). Jeder aus dem Team sollte aber auch wissen, wo sich „die Sammelstelle" für Anregungen aller und jedweder Art, die ein Tagesordnungspunkt der nächsten Teamsitzung sein können, befindet. Wie man dies handhabt, kann von der Größe und Art der Einrichtung abhängen, aber auch davon, wie die Leiterin es wünscht. Sie selbst sollte dafür sorgen, daß ein ausreichender Informationsfluß an alle und von allen ermöglicht und verwirklicht wird.

Allerdings wird sie auch wissen, wie und worüber (eventuell wer nicht) zu informieren ist. So darf z. B. nicht jedes Detail aus dem Kindergarten an die Öffentlichkeit gelangen. Das beste Klima entsteht nicht dann, wenn jeder über jeden alles weiß, sondern dort, wo eine hinreichende und anregende Information erfolgt. Die Leitung hat klug abzuwägen, was das im konkreten Alltag bedeutet. Der Aufgabe der Information immer und im richtigen Maße nachzukommen, verlangt von der Leiterin oft viel Anstrengung und kann durchaus müde machen. Allerdings sollten wir aber gerade bei dieser Aufgabe beachten, daß sie – aufs Ganze des Kindergartens gesehen – lohnend ist.

Dem Informieren sehr nahe liegt die Aufgabe des Beratens. Auch das ist eine bestimmte Art der Kommunikation, und auch davon wird die Qualität des Kindergartens

Beratung ist wechselseitig bestimmt. Der wichtigste Grundsatz von Beratung ist, daß sie wechselseitig sein soll; es „unterrichtet" dabei nicht einseitig einer einen anderen, sondern es erfolgt eine wechselseitige Kommunikation, möglichst auf partnerschaftlicher Basis. Beraten kann in zweifacher Art verstanden werden: Es kann jemand (!) beraten werden, z. B. bei der Praktikantenanleitung, oder es kann etwas (!) beraten werden (bzw. „über etwas" beraten werden), z. B. über die praktische Gestaltung eines Besuches der Gruppe in der Grundschule; einmal also wird eine Person beraten, beim zweiten Fall ein Gegenstand. Beides hat für die Aufgabe der Leitung im Kindergarten große Bedeutung, und beides muß in der rechten Weise und im rechten Geiste geschehen.

Wegen der interessanten und abwechslungsreichen Tätigkeit im Kindergarten, oder anders ausgedrückt: wegen der relativ normoffenen Situation, finden wir dort zahlreiche Gegenstände, über die es zu beraten und dann zu entscheiden gilt. Weil es sich bei der Kindergartenarbeit um eine Aufgabe des zwischenmenschlichen Umgangs im umfassenden Sinne handelt, gibt es aber auch genügend Beratungsanlässe für oder bei Personen. Nicht nur bei Kolleginnen und Praktikanten, sondern auch bei der Elternschaft findet die Leiterin viele Beratungsbedürfnisse, die von ihr allein niemals befriedigt werden können. Sie muß dabei gut unterscheiden, wo sie ihre Aufgabe sehen kann und wo evtl. nicht.

Die offene Situation erfordert Beratung

Vgl. auch das Kapitel VI über Praxisberatung, S. 133 ff. dieses Buches.

2.5 Kooperieren – ohne Zusammenarbeit geht es nicht

Das Wort „zusammen" spielt in der Kindergartenarbeit allgemein, besonders aber in der Tätigkeit der Leiterin eine wichtige Rolle. Es zieht sich gleichsam wie ein roter Faden durch die gesamte Arbeit. Auch in den Dienstordnungen liest man, daß die Zusammenarbeit eine Aufgabe der für das Kindergartengeschehen verantwortlichen Personen ist. Die Leiterin hat darüber hinaus die spezielle Aufgabe, das Team, die Eltern usw. zur Zusammenarbeit anzuhalten.

Für sozialpädagogische Aktivitäten, zu denen die Kindergartentätigkeit gehört, gilt ganz allgemein, daß sie ohne Zusammenarbeit nicht denkbar sind. Das ist eine relativ alte Erkenntnis, die allerdings in jüngerer Zeit erst ihre gebührende Zustimmung erhalten hat. Das wird deutlich dadurch, daß es erst allmählich zur Selbstverständlichkeit geworden ist bzw. mancherorts noch werden muß, daß für die Zusammenarbeit und die damit verbundenen Arbeitsbesprechungen regelmäßige Termine und Arbeitszeitanrechnungen stattfinden. Die Schwierigkeiten in dieser Frage sind in der Praxis immer noch groß genug, obwohl die Notwendigkeit des Zusammenwirkens theoretisch einleuchtend ist. Auch die häufige Verwendung

Regelmäßige Besprechungen

der modernen Begriffe „Kooperation" und „Teamarbeit" belegt, daß hier neue Gewichtungen vorgenommen wurden. Ohne Kooperation geht gute Kindergartenarbeit generell, vor allem aber gute Leitungstätigkeit, nicht.

„Kooperieren" kommt als Wort aus dem Lateinischen und bedeutet wörtlich „zusammenarbeiten". Gemeint ist, daß jemand nicht so arbeitet, als gäbe es die anderen um ihn herum nicht; es soll mit ihnen zusammen gearbeitet werden; die Arbeit soll Hand in Hand gehen; man will sich gegenseitig unterstützen, und zwar zum Wohl des Ganzen. Das Gegenteil von kooperieren kann teils gesehen werden in „konkurrieren", wobei der eigene Vorteil in Abhebung von der Arbeit und Leistung des anderen im Vordergrund steht. Beim Verständnis von Zusammenarbeit spielt auch die Einzelarbeit eine Rolle. Zusammenarbeit und Einzelarbeit müssen sich nicht widersprechen, sondern sollten sich sinnvoll ergänzen.

Mit wem und in welcher Weise die Leiterin des Kindergartens zusammenarbeitet, ergibt sich in den späteren Kapiteln über Teamarbeit, Elternarbeit, Gemeindearbeit usw.

2.6 Delegieren – niemand kann alles selber tun

Zur guten Leitungstätigkeit gehört einerseits gewiß viel Engagement und Aktivität, andererseits ist aber auch sehr wichtig, andere, z. B. die Kolleginnen, sich engagieren zu lassen. Es passiert gerade der fleißigen Leiterin leicht, daß sie des Guten zuviel tut und dadurch sogar der Mitarbeiterin gewissermaßen die Chance nimmt, sich zu engagieren. Deshalb ist die Aufgabe des Delegierens so wichtig; das heißt nämlich „übertragen" und bewußt einzelne Aufgaben an Kolleginnen „abgeben". Gerade bei der Vielfalt und dem ungeheuren Quantum an möglichen Arbeiten, die sich in der Kindergartenleitung ergeben, läuft die Leiterin Gefahr, nie Schluß machen und „nein" sagen zu können und dauernd das Gefühl zu haben, immer noch zu wenig getan zu haben. Eine gezielte Begrenzung scheint mir hier ebenso geboten wie die Übertragung im Sinne der Arbeitsteiligkeit. Dazu gehört Vertrauen und die Auffassung, daß andere auch etwas können.

„Nein" sagen können

In der Kindergartenleitung sollte nach dem Motto verfahren werden: Ich bin gut, aber die Kollegin ist es auch. Jeder kann das Seinige. Alles tun zu wollen und auch noch alles selbst tun zu wollen, das kann kein gutes Prinzip sein. Gezielt auswählen, und zwar gemeinsam mit dem Team, und das in Absprache und Delegation zu tun, das halte ich für vernünftiger und praktikabler. Alles selbst und allein tun zu wollen, scheint mir in mehrfacher Hinsicht falsch zu sein: Abgesehen davon, daß es auf Dauer gar nicht geht, muß diese Haltung zu ständigen Versagenserlebnissen führen. Außerdem führt es aber auch zu Inaktivität, z. B. bei Eltern und Kolleginnen, und schafft obendrein noch eine schlechte Atmosphäre.

2.7 Aktivieren – das Team und sich selbst in Schwung halten

Aktivieren heißt von der Wortbedeutung her „aktiv machen": Ein Mensch verhält sich dabei so, daß der andere aktiv wird bzw. aktiv bleibt. Aktivität oder Aktivsein ist zu verstehen als Engagement, Motiviertheit, persönliche und berufliche Vitalität, Unternehmungsgeist, Schwung, Energie, Tatkraft usw. Um die Weckung oder Erhaltung dieser Merkmale, besonders in beruflicher Hinsicht, geht es. Jeder – und nicht zuletzt die Kindergartenleiterin – weiß, wie wichtig, aber auch wie schwierig das oft sein kann. Was diese Aufgabe anbetrifft, gleichen Leitungspersonen der Sonne – als Energiequelle für andere –, dem Motor – der das Ganze antreibt – oder einem Zugpferd – das auch ziehen soll, wenn der Wagen noch so schwer ist. Und wer zieht mich?, wird sich jeder von Zeit zu Zeit fragen müssen – allerdings auch nur jeweils seine eigene individuelle Antwort finden können.

Was heißt aktivieren?

Jede Arbeit macht u. a. auch müde. Gerade die unerfreulichen Begebenheiten, z. B. Auseinandersetzungen mit Eltern, der Kollegin, dem Träger, aber auch private Ereignisse, können lähmend wirken und zum Motivationsschwund führen. Dann ist das ermunternde und beflügelnde Wort in erster Linie von seiten der Leiterin, aber natürlich auch der übrigen Kolleginnen gefragt.

Aktivierende Faktoren

Es sind verschiedene Punkte, die man gleichsam als aktivierende Faktoren betrachten könnte. Da ist z. B. der Leitungsstil, also das Leitungsverhalten, zu sehen. Es müßte deutlich werden, daß das ständige Einbeziehen und Informieren der Kolleginnen diese auch aktivieren und moti-

Vgl. Kapitel IV, S. 94 ff. dieses Buches.

vieren. Deshalb sind regelmäßige Team- und Trägergespräche so wichtig. Ein anderer Aktivmacher ist das Vorbild durch die Leitung: Das gute Maß an eigenem Engagement wird auch beflügelnd auf die Kollegin wirken. Es gibt jedoch auch das Überengagement, das den anderen nicht aktiviert, sondern erdrückt und eher lähmend wirken kann als beflügelnd. Aktivierend wirkt jemand auf den anderen nur dann, wenn er dessen Tempo kennt und berücksichtigt, also wenn er den anderen „da abholt, wo er steht", und ihn nicht mit seinem eigenen guten Vorbild

Das richtige Maß aktiviert   erschlägt. Wir können sagen, daß Müdigkeit ansteckend, also auf den anderen lähmend wirken und daß Vitalität und Engagement mitreißen kann, vorausgesetzt allerdings, daß es das richtige Maß ist. Zu dem motivierenden Vorbild-Sein soll aber die anerkennende und bekräftigende Haltung gegenüber der Kollegin und ihrer Arbeit hinzukommen. Damit wird nicht die eigene Arbeit und Person ständig in Frage gestellt, sondern es ist ein Vorgehen nach dem Motto: Ich bin gut, und du bist gut! Ich anerkenne deine Arbeit.

Die Leiterin wird auch wissen, wie unergiebig und unvernünftig es sein kann, der Kollegin eine Arbeit aufzuzwingen, die sie nur gegen den äußersten Widerwillen tut und durch die sie sich eventuell noch überfordert fühlt. Am motiviertesten und das heißt am stärksten aktiviert sind Menschen in ihrem Arbeitsgebiet dann, wenn sie eine für sie zufriedenstellende Tätigkeit ausüben und wenn sie von ihrer Umgebung, vor allem von Vorgesetzten und Kollegen, genügend positive Rückmeldung erfahren.

2.8 Verwalten – Paragraphen müssen nicht einschränken

Rechtsfragen   An den Rechts- und Verwaltungsfragen des Kindergartens kann niemand, der dort tätig ist, ganz vorbei, mag er sich auch noch so sehr für Kind und Pädagogik interessieren und engagieren. Über kurz oder lang stellen sich in jedem Kindergarten Rechtsfragen. Die hier zu gebenden Informationen können nur Impulscharakter haben und zur Vertiefung anregen. Die Kenntnis der Rechtslage muß für eine gute Pädagogik keineswegs einschränkend wirken, sondern sie kann durchaus auch befreiend sein.

Wenn ich meinen Spielraum kenne und weiß, was andere Bezugsinstanzen im Hinblick auf mich und meine Arbeit dürfen und nicht dürfen, kann ich viel ungehemmter und engagierter vorangehen.

Im Rechts- und Verwaltungsalltag der Kindergartenleiterin gibt es zahlreiche Dinge, die als Selbstverständlichkeiten anzusehen sind und deshalb kaum der Erwähnung bedürften. So braucht man normalerweise niemand, der an verantwortlich leitender Stelle ist, zu sagen, daß Kassen korrekt und transparent zu führen sind, also derart, daß jede Einnahme und Ausgabe festgehalten wird und nachgeprüft werden kann.

Daß der Kindergarten als eine gesellschaftlich bedeutsame Erziehungseinrichtung auch Rechtsaspekte aufweist, liegt auf der Hand, und zwar insbesondere für die Leiterin als die gemeinhin hauptverantwortliche Person. Gerade weil sie zur Verantwortung gezogen werden kann, wird sie nicht nur pädagogisch engagiert handeln, sondern sich u. a. auch die folgenden allgemeinen Fragen stellen, und zwar, bevor das Kind in den Brunnen gefallen ist:

- Was muß ich (alles) tun, um nicht meine förmlichen   **Fragen**
  Pflichten zu verletzen und rechtlich falsch zu handeln?
- Was darf ich (noch) tun, ohne mit Rechtsnormen in
  Konflikt zu kommen?

Dabei wird davon ausgegangen, daß das bestehende Recht anzuerkennen ist, weil es in einer demokratischen Gesellschaft seinen Sinn haben wird, weil es das Zusammenleben erleichtern soll und weil man sich nicht strafbar machen will.

Was kann der Kindergartenleiterin konkret hinsichtlich der Rechtsprobleme ihrer Tätigkeit und ihrer Person empfohlen werden?

1. Das Wissen um die Rechtsstruktur. – Damit ist die Frage   **Rechtliche Einbindung**
nach der sozialen Einbindung der eigenen Stelle und der Einrichtung, die geleitet wird, gemeint, und zwar jeweils unter rechtlichen Aspekten. Der Leiterin sei empfohlen, sich u. a. über folgende Fragen in Kenntnis zu setzen: Wer ist mein Vorgesetzter und damit mir gegenüber weisungsbefugt? Inwieweit bin ich Vorgesetzter und damit – wenn

nötig – selbst weisungsbefugt? Inwieweit habe ich als Leiterin Überwachungs- und Beurteilungsrechte und -pflichten? Wer konkret hat mir gegenüber diese Rechte und Pflichten, eventuell als vom Träger förmlich Beauftragter? Damit weiß die Leiterin auch, wer ihr – rechtlich gesehen – nichts zu sagen hat, was u. U. sehr wichtig sein kann. Hier ist z. B. auch zu denken an Fragen wie: Was dürfen und sollen Elternvertreter – rechtlich gesehen – gegenüber dem Kindergarten und der Leiterin fordern? Was darf und soll die Schule (z. B. im Hinblick auf Informationen über einzelne Kinder)?

Zur Rechtsstruktur gehört auch die rechtliche Einbindung des Kindergartens als Einrichtung, also die Frage, welche Behörden und Fachinstanzen in welchen Bereichen mit welchen Befugnissen ausgestattet sind. Was hat das Jugendamt und das Landesjugendamt zu sagen? Welche Rechte hat in dem Zusammenhang der Kindergarten in freier Trägerschaft? Ihm darf z. B. nicht in das pädagogische Konzept hineingeredet werden – solange das Wohl der Kinder nicht gefährdet erscheint –, obwohl die staatliche Jugendbehörde im Rahmen der Aufsicht für den Kindergarten grundsätzlich das Begehungsrecht hat.

Rechtskenntnisse *2. Kenntnisse der Gesetze.* – Die Kindergartenleiterin hat normalerweise keine große Lust, sich mit Gesetzesparagraphen zu befassen. Die soeben genannten Dinge haben aber alle mit „Paragraphen" zu tun; denn ihre förmliche Basis sind Gesetze und sonstige Vorschriften. Darüber sollte die Leiterin Grundinformationen besitzen, d. h. nicht, das gesamte Gesetz jeweils beherrschen, sondern um die daraus für die eigene Tätigkeit relevanten Elemente wissen. Selbst das Grundgesetz hat für die Kindergartenarbeit seine Bedeutung, insofern es z. B. das Elternrecht regelt (§ 6). Dann ist das Jugendwohlfahrtsgesetz zu nennen, z. B. wegen der Aufsicht über den Kindergarten (§§ 78 und 79: Heimaufsicht). Auch das scheinbar ferner liegende Bundessozialhilfegesetz kann für den Kindergarten relevant werden, z. B. wenn es um das behinderte Kind geht (vgl. § 124). Auf der jeweiligen Landesebene sind weiter, sofern vorhanden, die Kindergartengesetze zu sehen, in denen die pädagogische Arbeit des Kindergartens rechtlich geregelt ist, z. B. bei Fragen der

Elternmitsprache. Nicht nur weil die Arbeit mit Kindern grundsätzlich auch mit Kinderkrankheiten zu tun hat, sondern auch weil die Gesundheit der Bevölkerung dem Staat ein Anliegen sein muß, haben im Kindergarten gesundheitsgesetzliche Bestimmungen (Bundesseuchengesetz) eine so große Bedeutung. Die Leiterin muß die üblichen Kinderkrankheiten identifizieren können und ist zur Meldung ansteckender Krankheiten an das Gesundheitsamt verpflichtet. Nicht nur für Sauberkeit und Hygiene im Kindergarten ist die Leiterin zuständig, sondern auch für das richtige Handeln im Falle des Auftretens von Scharlach oder Läusen. Nicht zuletzt auch für die Klärung der Frage, ob im Kindergarten giftige Stoffe verwendet werden, sei es z. B. als Baumaterial oder als Putzmittel. Oder Tiere: Was muß geklärt sein, wenn der Kindergarten Haustiere halten will? Für die Einhaltung der Normen im technischen Bereich ist das Gewerbeaufsichtsamt zuständig.

Außer den Gesetzen gibt es aber weitere, und zwar viel näherliegende förmliche Rechtsgrundlagen für die Arbeit der Leiterin. Zunächst ist selbstverständlich an den Arbeitsvertrag zu denken, wobei es gut ist, wenn darin etwas über Rechte und Pflichten enthalten ist. Darüber hinaus gibt es aber in vielen Fällen die Dienstordnung, in der mehr oder weniger deutlich über die Zuständigkeiten der Leiterin informiert wird.

Arbeitsvertrag und Dienstordnung

Mag auch die Leiterin und das Kollegium noch so umsichtig sein – ich möchte ständige Umsichtigkeit nicht mit dauernder Vorsichtigkeit oder gar Ängstlichkeit verwechseln; jeder weiß, daß Pädagogik immer auch ein gewisses Wagnis bedeutet – irgendwann gibt es in jedem Kindergarten einen Versicherungsfall. Deshalb sollte der Versicherungsschutz für Kinder und Eltern, aber auch die Frage der beruflichen Haftpflicht für das Personal geklärt sein.

3. Die Empfehlung eines Fachkundigen. – In den Details von Rechts- und Verwaltungsfragen kann und muß die Kindergartenleiterin als Pädagogin kein Experte sein. Selbst für Verwaltungsleute und Juristen bleiben oft genügend offene Fragen. Der Leiterin sei aber dringend empfohlen, sich umzusehen, wer sie in Rechtsfragen ihres

Rechtsexperten

beruflichen Alltags fachlich fundiert und verläßlich beraten kann. Das wird in manchen, vor allem in den dauernd wiederkehrenden Fragen die verantwortliche Fachberatung sein, während jeder Kindergartenträger heute für die ausgefallenen Rechtsprobleme auch den zuständigen Rechtsexperten hat, an den sich die Leiterin wenden kann.

4. Die dienstliche Informationspflicht. – Manchmal fällt in dem Zusammenhang, um den es hier geht, das Wort „Belehrung". Es ist sozialpädagogisch verpönt, bringt aber der Sache nach etwas Wichtiges zum Ausdruck: Ein Leiter hat die Mitarbeiter von Zeit zu Zeit über bestimmte Dinge zu instruieren, z. B. über Sicherheitsvorkehrungen, die es zu beachten gilt. Die Kindergartenleiterin dürfte dienstlich verpflichtet sein, in regelmäßigen Abständen, besonders aber vor Unternehmungen mit etwas größerem Risiko, auf Gefahrenmomente und die erforderlichen Sicherheitsvorkehrungen hinzuweisen, z. B. wenn ein Grillfest stattfindet, wenn Kinder im Kindergarten übernachten, bei Exkursionen auf den Bahnhof oder bei mehrtägigen Ausflügen und Erholungsmaßnahmen. Solche dienstlichen Informationen sollen in einem nachprüfbaren Protokoll, Dienstbuch o. ä. festgehalten werden. Ein vernünftiges Team wird das nicht als Gängelei ansehen, sondern als genauso sinnvoll betrachten, wie es die Leiterin tun müßte.

In der Wirklichkeit der Kindergartenleitung findet sich eine ziemliche Diskrepanz zwischen dem, was von der Leiterin an administrativen Tätigkeiten zu bewältigen ist, und der Freude, mit welcher sie es oft tut. Verschiedene Statistiken, die Erstellung der Heimbögen, das Führen von Karteien und Inventarlisten usw., alles das ist der Leiterin meist weniger attraktiv als der Umgang mit den Kindern. Vielleicht kann aber auch diesen Dingen etwas mehr Sinn abgewonnen werden, wenn man sie unter dem Blickwinkel der eigenen Absicherung, aber auch hinsichtlich der gesellschaftlichen Bedeutung der Kindergartenarbeit betrachtet. Allerdings liegt es in der Sache selbst begründet, daß Verwaltung für den Pädagogen wohl immer etwas an Pflichtcharakter behält.

„Die Belehrung"

2.9 Repräsentieren – den Kindergarten nach außen vertreten

Kann die Leiterin als die Repräsentantin des Kindergartens verstanden werden? Versteht sie sich selbst so? Vermutlich findet man bei Leiterinnen nicht generell ein solches Berufsverständnis vor. Vielleicht wird diese Aufgabe im Gegensatz zum Teamverständnis gesehen; die Personalgruppe ist ein Team – allerdings ein geleitetes Team, und auch dieses soll ja vertreten werden.

Wir müssen davon ausgehen, daß die Leiterin den Kindergarten „vertritt". Das heißt u. a., wo sie ist, da „ist" irgendwie auch der Kindergarten. Das muß nicht immer eine beglückende Perspektive sein. Dennoch kann die Kindergartenleiterin sich nicht auf den Standpunkt stellen: Ich bin Erzieherin, und Repräsentation liegt mir nicht; denn sie hat ein von der Öffentlichkeit übertragenes und in die Öffentlichkeit hinein wirkendes Amt, und dazu gehört auch die Wahrnehmung der Aufgabe des Repräsentierens.

Wer repräsentiert den Kindergarten?

Wenn jemand sagt, die Leiterin vertrete den Kindergarten irgendwie immer da, wo sie ist, so muß dies richtig verstanden werden; natürlich ist es ein Unterschied, ob sie sich im privaten Freundeskreis befindet, oder an Stellen und Instanzen ihres beruflichen Alltags, wo ihre Anwesenheit förmlichen Repräsentationscharakter hat. Wo und in welchem Umfang Repräsentationsaufgaben wahrzunehmen sind, darüber kann die Leiterin selbst nur zum Teil entscheiden. Manchen Einladungen, Erwartungen und Verpflichtungen will, anderen muß sie nachkommen. Sobald irgendwo für die Einrichtung, also für den Kindergarten, gesprochen werden soll, ist die Repräsentation durch die Leiterin gefragt. Konkret kann dies z. B. werden in der Kooperation mit der Schule, in der Zusammenarbeit mit den Eltern, vor allem in der Öffentlichkeits- und Gemeindearbeit, z. B. im Umgang mit der Presse, den Gremien der Pfarrei usw. Die Wahrnehmung der Repräsentationsaufgabe durch die Kindergartenleitung ist u. a. in gewissem Sinne immer tatsächliche Öffentlichkeitsarbeit und darf deshalb in ihrer Bedeutung nicht unterschätzt werden.

Die Leiterin als Repräsentantin

In der Praxis der Kindergartenleitung wird die Aufgabe

der Repräsentation durch die Leiterinnen vermutlich sehr unterschiedlich wahrgenommen, und zwar jeweils stark abhängig von dem Öffentlichkeitswillen der jeweiligen Persönlichkeit. Insgesamt habe ich den Eindruck, daß Kindergartenleiterinnen eher zur Wahrnehmung der Aufgabe des Repräsentierens ermuntert werden können. Die

Mut zur Repräsentation Bitte und Empfehlung kann daher nur lauten: Mut zur Repräsentation! Es geht ja dabei nicht in erster Linie um die Selbstdarstellung der eigenen Person, sondern des Kindergartens im Ganzen. Zuviel Bescheidenheit wäre da fehl am Platze.

2.10 Innovieren – die Arbeit auf den neuesten Stand bringen

Für die sozialpädagogische Arbeit im Kindergarten sind zahlreiche Routinetätigkeiten erforderlich, Verfahren, die ablaufen, ohne daß ständig darüber nachgedacht wird, ob es so gut und richtig ist oder ob man es anders machen soll. Das ist richtig so; denn menschliches Leben und Arbeiten sind gar nicht denkbar ohne solche gewohnheitsmäßigen Verrichtungen. Es sind meist Dinge, die uns in Fleisch und Blut übergegangen sind: Der Mensch tut sie so gewohnheitsmäßig, wie er sich morgens wäscht und anzieht. Ein großer Teil der Kindergartenarbeit sowie der Leitungstätigkeit läuft so ab und muß es auch so tun. Wir würden geradezu handlungsunfähig, wenn wir nicht eine große Menge derartiger internalisierter Verhaltensweisen hätten.

Nicht zuviel Routine Das kann aber nun gerade auch zum Problem werden und sich ins Negative verkehren. In jedem Betrieb, in jeder Familie und in jeder zwischenmenschlichen Beziehung kann sich die allzu ausgeprägte Routiniertheit ungünstig auswirken: das Geschehen erlahmt, keine Überraschungen – auch keine erfreulichen –, alles stagniert, es geht nichts weiter – vielleicht auch nichts schief (vielleicht?); es ist ein eingefahrener Laden (der hoffentlich „läuft"). Das kann für den Kindergarten, der eine vitale Stätte des pulsierenden Lebens ein soll, nicht gut sein. Allzuviel Routine kann nämlich „betriebsblind" machen; „im eigenen Saft schmoren", sagt das Sprichwort, und das heißt, daß keine Anregung, kein Impuls, ja – nichts Neues kommt.

Neu heißt im Lateinischen novus, und von daher leitet sich das Wort „innovieren" ab. Innovieren als Aufgabe der Kindergartenleitung heißt, zu fragen, und zwar sich selbst und das Team: Sind wir auf dem neuesten Stand? Schmoren wir nicht zu sehr im eigenen Saft. Machen wir die Teamarbeit, die Zusammenarbeit mit den Eltern, die Arbeit in den Gruppen usw., machen wir das nicht allzu sehr nach dem „alten Stiefel" und nach dem Motto: Weil es immer so war, machen wir es wieder so! Haben wir den offenen Blick für die Anregung von Eltern, von Praktikanten, Fachberatern und von der Fortbildung. Sind wir flexibel und kreativ genug in unserer Arbeit? Innovieren heißt nicht, „jeden Tag alles umräumen und alles anders machen" – etwa Erneuerung um der Erneuerung willen –, es heißt aber auch nicht, „ständig alles beim alten lassen und ja die alten Zöpfe nicht anrühren", sondern es geht um ein vernünftiges Bedenken dessen, was richtig ist und erhalten werden soll, und der Dinge, die der Erneuerung bedürfen. Die Leiterin soll dazu die Vernunft und den Mut haben. Sie sollte dazu die Impulse geben.

Neu heißt novus

Erhalten und erneuern

2.11 Kontrollieren – das sollte fachlich richtig, aber menschlich geschehen

Der Kindergarten ist eine Einrichtung, der von unserer Gesellschaft eine sehr wichtige Aufgabe, nämlich die Bildung und Erziehung der drei- bis sechsjährigen Kinder, übertragen wurde. Deshalb ist es nur konsequent, daß die Ausführung dieses gesellschaftlichen Auftrages, also die Kindergartenarbeit, auch kontrolliert wird, z.B. durch das Jugendamt. Aber auch die Leiterin des Kindergartens nimmt eine Kontrollaufgabe wahr gegenüber ihren Mitarbeitern. Allerdings befindet sie sich dabei in einer eigenartigen Situation: Versteht sie sich doch einerseits als Teammitglied und will weitestgehend auch vom Kollegium so behandelt werden, steht sie aber andererseits an der Spitze einer im Prinzip hierarchisch geführten Institution. Das schafft in vielen Fällen zwiespältige Gefühle. Manche Leiterin zieht daraus die Konsequenz, ganz und gar und nur Teammitglied zu sein und gar nicht bzw. so gut wie gar nicht die Arbeit der Kolleginnen zu kontrollieren; hat doch Kontrollieren auch nach dem Empfinden der meisten Leiterinnen einen besonders unschönen Beigeschmack. Sie mögen das Wort „kontrollieren" nicht und die damit verbundene Sache genausowenig. Das dürfte vor allem daran liegen, daß hier ein falsches Verständnis von Kontrolle vorhanden ist. Kontrollieren muß doch keineswegs immer nur bedeuten, daß einer den anderen „autoritär überwacht".

Zwei Arten von Kontrolle Wir können zwei Arten von Kontrolle unterscheiden, nämlich die eben angedeutete hierarchische Kontrolle des Untergebenen durch den Vorgesetzten, der ihm im Konfliktfall eine Anweisung erteilt, wobei der Fall nach dem Willen des Vorgesetzten geregelt wird, eben weil dieser es so will. Eine ganz andere Art von Kontrolle ist die kollegiale Kontrolle. Bei ihr herrscht nicht von vornherein die Meinung und der Wille des Vorgesetzten vor, also in unserem Fall der Leiterin, sondern es wird im Fall der Meinungsverschiedenheit zuerst einmal gefragt, was die berufsethischen Normen sagen; was wird z. B. von Experten der Kindergartenpädagogik oder in der heutigen Kindergartenliteratur vertreten? Was sagen Fachberater des Kindergartens dazu? Was haben Fachkolleginnen gelernt und was meinen sie dazu? Also durch Erörterung der Berufsnormen, nämlich der Maßstäbe, die die Arbeit bestimmen sollen, wird eine möglichst zufriedenstellende Regelung angestrebt. Nicht also der Wille des Vorgesetzten, sondern die Norm der Berufsarbeit wird als Kontrollinstanz angesehen. Selbstverständlich wird es noch genügend Probleme geben, bei denen die Entscheidung durch die Leiterin erfolgen muß. Ihre Aufgabe ist es, im Kollegium das richtige Kontrollverständnis zu vermitteln, d. h. die Einstellung, daß die Arbeit dem anderen, besonders der Leiterin, transparent zu machen ist, und zwar möglichst freiwillig, und daß kollegiale Kontrolle Vorrang vor der hierarchischen haben soll.

„Ich bin in der Sache ganz anderer Meinung und muß mich deshalb noch einmal informieren, wie das heute die Pädagogik sieht. Ich schlage vor, daß wir es dann gemeinsam im Team besprechen und nach einer zufriedenstellenden Lösung suchen." – So etwa könnte eine Leiterin sprechen, die den kollegialen Kontrollstil praktiziert. „Ich möchte gerne darüber berichten, wie die Exkursion zum Bahnhof in meiner Gruppe verlaufen ist. Damit ihr auch über das eine oder andere Problem, das dabei auftrat, informiert seid." –

Solche und ähnliche Aussagen wären vorstellbar von seiten der Kollegin, die im Rahmen des kollegialen Kontrollstils ihre Arbeit transparent macht, und zwar von sich aus und freiwillig.

Die gegenteilige Haltung herrscht vor, wenn eine Leiterin sagt: „Ich kann den Gruppenraum meiner Kollegin gar nicht betreten, ohne daß dies von ihr als Kontrolle ausgelegt wird."

Es liegt auf der Hand, daß die jeweilige Kontrollart – hierarchisch oder kollegial – mit der Umgangsform und dem Führungsstil insgesamt zusammenhängt. Der hierarchischen Kontrolle entspricht der autoritäre Führungsstil, während mit der kollegialen Kontrolle der partnerschaftliche Leitungsstil vereinbar ist. Partnerschaft schließt Kontrolle – allerdings kollegiale – keineswegs aus. Wir sollten dem Wort „Kontrolle" den häßlichen Beigeschmack nehmen und ihm einen guten Sinn geben.

2.12 Entscheiden – im Team geht oft die Kollegialität vor

Es gehört zur besonderen Auszeichnung des Menschen, daß er fähig ist, zu entscheiden, und zwar für sich selbst oder – je nachdem, inwieweit er für andere die Verantwortung trägt – für diese. Mit der Verantwortlichkeit der Leiterin hängt ihre Entscheidungsverpflichtung und -befugnis zusammen.

„Über etwas entscheiden" bzw. „sich für etwas entscheiden" heißt immer zwischen zwei oder mehreren Aspekten abwägen und einem den Vorzug vor dem anderen geben. Es ist ein vernunftbetonter Vorgang, bei dessen Verlauf allerdings Emotionen, Sympathien und Beziehungen oft die Verlaufsrichtung bestimmen, und zwar je nach rationaler Fähigkeit – wir können auch sagen: je nach Sachlichkeit – des Betreffenden. Wir können somit der Tendenz nach zwischen zwei Arten von Entscheidungen unterscheiden, nämlich zwischen mehr spontan-emotionalen einerseits und reflektiert-rationalen andererseits. Auch rational begründete Entscheidungen zu treffen, bringt den Menschen oft in Bedrängnis; er weiß keineswegs immer deutlich, wofür er sich entscheiden soll, wenn mehrere Möglichkeiten zur Wahl stehen. In der Antike befragten die Menschen das Orakel, wenn es z. B. um

Zwei Arten von Entscheidungen

schwerwiegende politische Entscheidungen, den Standort von neu zu errichtenden Städten, die Beendigung einer Hungersnot o. ä. ging. Jeder von uns muß sich täglich vielmals entscheiden, und zwar im privaten wie auch im beruflichen Leben. Nicht anders geht es der Kindergartenleiterin und ihrem Team. Ja, gerade im Kindergarten sind wegen der relativ unnormierten Situation und wegen der wenigen förmlichen Vorschriften, die es dort gibt, eigene Entscheidungen erforderlich.

Allgemein kann man sagen, daß mit einer leitenden Position meist auch eine entsprechende Entscheidungsbefugnis verbunden ist; oft gilt: Je höher die Stellung, um so größer ist auch die Entscheidungskompetenz des Betreffenden. Mit der Stellung ist dann jeweils auch die verliehene Amtsautorität verbunden. **Grenzen der Entscheidungskompetenz** Ihre Grenzen hat die Entscheidungskompetenz in mehrerer Hinsicht: Zunächst in der Sache – bei der Kindergartenleitung z. B. in dem, was dem Wohl des Kindes und der anderen Betroffenen dient oder schadet; eine andere Grenze liegt im moralisch Vertretbaren; hier spielen Verantwortlichkeit und Gewissen eine Rolle. Schließlich liegen Entscheidungsgrenzen natürlich dort, wo der Autoritätsspielraum der vorgesetzten Instanz, also in unserem Falle des Trägers, beginnt.

Einen ganz wichtigen, wenn nicht sogar für die konkrete Arbeit im Kindergartenalltag den wichtigsten Aspekt stellt für die Leiterin das Team dar. Was es gar nicht mittragen will oder kann, dafür sollte die Leiterin sich im Normalfall auch möglichst nicht entscheiden.

Die Aufgabe des Entscheidens erhält also für die Kindergartenleitung ihr besonderes Merkmal einerseits aus der Einbindung der Leiterin in das Team, andererseits aber auch aus der Verpflichtung zur Zusammenarbeit mit den Eltern; denn immerhin sind es ja ihre Kinder, um die es geht. Auch gegen den Willen oder das Können von Eltern wird die Leiterin vernünftigerweise im Regelfall keine Entscheidungen treffen. Das Gleiche gilt im Hinblick auf den Träger.

Klug getroffene Entscheidungen von seiten der Leiterin setzen also sehr viel Umsicht und einen ausgeprägten kooperativen Blick voraus. Es geht darum, die anderen mit ihren Vorstellungen zu sehen und, wo es geht, auf sie zu hören, aber auch den eigenen Mut, die eigene Risikobereitschaft und die eigene Konzeption bei anstehenden Entscheidungen in ausreichendem Maße zu realisieren. Das gilt z. B. für den Fall, wenn es sich um die Frage der Einstellung eines männlichen Praktikanten handelt; oder darum, ob die Leiterin beim Träger um eine generelle Personalverstärkung nachsucht; nicht zu vergessen die zahlreichen Kleinigkeiten des Alltags, bei deren Regelung die Leiterin oft die eigene Entscheidungsfreudigkeit mit dem Willen von Kolleginnen und Eltern in Einklang zu bringen hat. Manche Entscheidungen bleiben für die Leiterin trotz allen Bemühens – Hinhören auf den anderen, Erwägen aller Aspekte und Zielsetzungen, ausgeprägte Rationalität – ein Wagnis. „Er-wägen" und „wagen" liegen auch vom Wort her nicht weit auseinander.

Das Wagnis bleibt

3. Reflexionsimpulse

Damit die Leiterin des Kindergartens in ihrer Berufsrolle nicht zum Spielball der vielfältigen Instanzen und ihren teils sehr unterschiedlichen Erwartungen wird, könnten die folgenden Fragen anregend sein:

1. Sind die an mich von den einzelnen Instanzen aus gestellten Erwartungen berechtigt? Oder läßt sich dies nicht entscheiden?
2. Welche Erwartungen habe ich selbst an meine Rolle als Leiterin des Kindergartens und inwieweit sind diese mit denen der anderen übereinstimmend oder vereinbar?
3. Gibt es eventuell sogenannte stumme, also unausgesprochene Erwartungen, zu deren Artikulation oder Klärung ich selbst beitragen muß (z.B. von seiten des Trägers)?
4. Gibt es lautstarke Instanzen, was dazu führt, daß andere mit ihren berechtigten Erwartungen „zu kurz kommen" (z.B., wenn Eltern immer mehr verlangen und dies zur Vernachlässigung der Arbeit mit den Kindern führt)?
5. Lasse ich mich selbst zu sehr zum Spielball der einzelnen Instanzen machen und gebe dabei meine eigenen Vorstellungen auf? Oder achte ich genügend auf meine aktive, gleichsam präventive, fachlich fundierte Rollendarstellung?
6. Gibt es überhaupt genügend Absprache mit und zwischen den relevanten Instanzen (z.B. mit der Schule und den Eltern und zwischen diesen)?
7. Bin ich zufrieden in meiner Rolle, oder muß ich etwas tun, damit die Arbeit wieder mehr Freude bereitet?
8. Nehme ich als Leiterin die Funktionen meiner Berufsrolle jeweils adäquat wahr, oder tue ich zu sehr das, was mir liegt (z.B. die Arbeit mit den Kindern), aber zu wenig, was ich eigentlich müßte (z.B. den Kindergarten nach außen repräsentieren)?

Fragen zur Anregung

Vielleicht kann der Reflexionsraster auf der nächsten Seite hilfreich sein, um sich selbst die Frage der Ausgewogenheit bei den einzelnen Funktionen zu beantworten.

Reflexionsraster

zur eigenen, persönlichen Einschätzung, inwieweit die Leitungsfunktionen wahrgenommen werden.

● *Inwieweit nehme ich als Leiterin die einzelnen Aufgaben tatsächlich wahr?*

	eher zu viel	genügend	eher zu wenig
(1) Integrieren: Für eine gute Atmosphäre im Kindergarten und nach außen sorgen.	O	O	O
(2) Organisieren: Alles gut planen und überblicken.	O	O	O
(3) Verantworten: Sich darüber im klaren sein, die Verantwortung für vieles zu tragen.	O	O	O
(4) Informieren: Kolleginnen z. B. fachlich informieren und beraten.	O	O	O
(5) Kooperieren: Z. B. mit Eltern, Schule und Gemeinde zusammenarbeiten.	O	O	O
(6) Delegieren: Aufgaben abgeben, z. B. an Kolleginnen oder Eltern.	O	O	O
(7) Aktivieren: Dafür sorgen, daß die anderen motiviert bleiben oder werden.	O	O	O
(8) Verwalten: Büroarbeiten und ähnliches erledigen.	O	O	O
(9) Repräsentieren: Den Kindergarten in der Öffentlichkeit vertreten.	O	O	O
(10) Innovieren: Neue Ideen und Veränderungen im Kindergarten ermöglichen.	O	O	O
(11) Kontrollieren: Sich informieren, ob die anderen ihre Arbeit richtig versehen.	O	O	O
(12) Entscheiden: Entscheidungen treffen, möglichst in Übereinstimmung mit dem Team.	O	O	O

II. Das gute Gespräch mit Kolleginnen, Eltern und dem Träger

Mit einer ganzen Reihe von Personen und Instanzen hat also die Leiterin des Kindergartens täglich umzugehen und zu sprechen, wie wir gesehen haben. Wer das alles ist und welche schönen und weniger schönen Dinge dabei eine Rolle spielen, weiß die betroffene Leiterin selbst am besten. Sie weiß auch, wie wichtig und schwierig manchmal der sprachliche Umgang mit bestimmten Instanzen und Personen ist und wieviel davon abhängen kann, ob sie so oder anders oder überhaupt mit jemand ein Gespräch führt. Man könnte sogar sagen, daß die Tätigkeit der Kindergartenleitung hauptsächlich im Sprechen besteht, in der Kommunikation mit ihren Gesprächspartnern.

Kindergartenleitung als Gespräch

Denn im Grunde hat alles, was sie tut, irgendeinen Mitteilungscharakter, ob sie z. B. telefoniert, schreibt, einen Bogen ausfüllt, den Träger einlädt, mit Eltern ein Problem bespricht, eine Kollegin ermutigt, die Fachberatung herbeiholt, mit einem Kind oder ihrer Gruppe spricht – alles ist Kommunikation. Deshalb scheint es mir ratsam, die für die sozialpädagogische Praxis bedeutsamen Aspekte der Gesprächsführung, wie ich sie in anderen Zusammenhängen erarbeitet habe, vorzustellen. Es werden hier Informationen gegeben, die mir aufgrund der Erfahrung von mehreren hundert Kindergartenleiterinnen wichtig sind. Für die einzelne Situation in der Praxis kann es nun allerdings sehr unterschiedlich sein, was jemand „braucht". Viele Kindergartenleiterinnen sind heute durch Aus- oder Fortbildung kommunikationsgeschult, bei anderen trifft dies nicht zu. Über die eigene Gesprächsweise und -führung nachzudenken lohnt sich aber allemal.

1. Eine praktische Hilfe zur Überprüfung und Verbesserung der Gespräche

Der im folgenden vorgestellte Reflexionsraster ist für jedermann leicht anzuwenden und führt erwiesenermaßen zu einer Verbesserung der Kommunikation und Zusammenarbeit. Wir haben es in vielen Praxiserfahrungen ausprobiert. Jemand, der seine Gesprächsführung überprüfen und verbessern möchte, sollte es etwa zehnmal anwenden,

d. h. nach etwa zehn von ihm geleiteten Sitzungen – sei es mit dem eigenen Team im Kindergarten, sei es mit einer Elterngruppe – selbst und für sich allein ausfüllen, und zwar bei jeder der fünfzehn Fragen nach seiner eigenen Einschätzung und entsprechend den Stufen 5 (= sehr) bis 1 (= überhaupt nicht). Was die einzelnen Fragen bedeuten, ist teilweise bekannt, teilweise nicht. Deshalb werden im folgenden alle Fragen erläutert. Die Fragen verstehen sich als Grundsätze oder Regeln und wollen dem Leiter sagen, sich selbst entsprechend zu verhalten. Wenn es z. B. heißt: „Habe ich mir Rückmeldung eingeholt?", dann ist gemeint: „Hole Dir Rückmeldung ein – wenn Du ein guter Leiter sein willst!" Und das gilt dann entsprechend für alle Fragen bzw. Regeln. Mit dem Reflexionsraster wird die Leiterin normalerweise erst arbeiten können, nachdem sie die folgenden Erläuterungen gründlich gelesen und überdacht hat. Es ist aber nicht nötig, sie alle zu verstehen, um dann erst mit dem Reflexionsraster zu arbeiten, sondern es geht durchaus, daß einige wenige Fragen herausgegriffen werden und daß erst einmal damit begonnen wird. Viele, die bereits mit diesem Raster gearbeitet haben, konnten dies bestätigen.

Sich selbst qualifizieren

2. Regeln der Gesprächsführung

2.1 Die Rückmeldung oder das Feedback – sagen, wie es war

Hat die Leiterin ein Teamgespräch geführt oder einen Elternabend geleitet, dann kann es ihr nicht gleichgültig sein, ob und inwieweit dies zur Zufriedenheit der Beteiligten verlaufen ist. Eventuell ist sie selbst wohl sehr zufrieden, nur muß dies nicht unbedingt mit den Empfindungen und Eindrücken der anderen übereinstimmen. Ist es dann nicht ratsam, ein Verfahren zu praktizieren, das hierüber Aufschluß gibt, das ihr sagt, wie es die anderen empfunden haben? Deshalb empfehle ich die gezielt einzuholende Rückmeldung bzw. das Feedback (sprich: fiedbäck). Dies kann nun sehr unterschiedlich geschehen. Oft ereignete es sich auch von selbst.

Der eigene Eindruck kann täuschen

Reflexionsraster

zur Überprüfung und Verbesserung der eigenen Gesprächsführung; nach jedem Gruppen- oder Einzelgespräch persönlich auszufüllen *.

	ja, sehr				nein, gar nicht
1. Habe ich mir Rückmeldung eingeholt?	5	4	3	2	1
2. Beachtete ich die Voraussetzungen aller Beteiligten?	5	4	3	2	1
3. Habe ich ein der Gesprächsart und der Zielsetzung entsprechendes Verhalten ermöglicht?	5	4	3	2	1
4. Wurden kommunikationsfördernde Organisationsformen bevorzugt?	5	4	3	2	1
5. Habe ich auf den Beziehungsaspekt geachtet?	5	4	3	2	1
6. In welchem Ausmaß gab es schweigende Personen?	5	4	3	2	1
7. Ist es mir gelungen, die analogen Kommunikationsbeiträge zu entschlüsseln?	5	4	3	2	1
8. Habe ich Zuhören ermöglichen können?	5	4	3	2	1
9. Konnte ich Pausen aushalten?	5	4	3	2	1
10. Ging ich, entsprechend den Erfordernissen, nondirektiv kommunizierend vor?	5	4	3	2	1
11. Wurde Metakommuniation realisiert?	5	4	3	2	1
12. Wurden Ich-Botschaften verwendet?	5	4	3	2	1
13. Ist es mir gelungen, daß immer nur einer zur gleichen Zeit sprach?	5	4	3	2	1
14. War ich „echt"?	5	4	3	2	1
15. Bin ich richtig mit Seitengesprächen umgegangen?	5	4	3	2	1

* (Je nach Gesprächssituation kann es sein, daß der eine oder andere Punkt nicht in Frage kommt. Dann wird er einfach ausgelassen.)

Wäre es nicht ratsam, wenn ein Leiter am Ende einer Sitzung etwa formuliert – es sollen hier keine sklavisch zu beachtenden Redevorschriften gegeben werden – : „Für mich wäre es natürlich schön zu wissen, ob Sie (Ihr) mit dem Verlauf der heutigen Sitzung zufrieden sind (seid). Vielleicht kann der eine oder andere sich dazu äußern." Wenn Sie dann eine kleine Bedenkpause ermöglichen und aushalten (ohne gleich selbst zu kommentieren), dann dürfen Sie davon ausgehen, daß positive oder auch negative Rückmeldungen erfolgen, z.B.: „Ich fand gut, daß..." o.ä.

Wer nicht nach dem Rückmeldeverfahren vorgeht, muß damit rechnen, daß der Austausch über die betreffende Besprechung hinter seinem Rücken erfolgt. Erfolgen wird die Rückmeldung auf jeden Fall, allerdings oft an die falsche Adresse und dann erst viel später und entstellt an die Leiterin selbst. Allein schon aus diesen praktischen Gründen ist das Verfahren so empfehlenswert. Ich halte es für unabdingbar und möchte sagen, daß es das Kernstück jeder guten Leitungsarbeit ist. Je besser eine Leiterin die Rückmeldung in der eigenen Arbeit beherrscht und realisiert, um so besser ist ihre Arbeit; es wird weniger negative Rückmeldungen geben, weil in ausreichendem Maße an die anderen, z.B. die Kolleginnen im Team, gedacht und auf sie eingegangen wird. Je besser das Feedback-Verfahren praktiziert wird, um so sicherer wird auch die Leiterin! Woher wollen Sie wissen, was andere empfinden, wenn Sie Ihnen keine Gelegenheit geben, es zu sagen. Allerdings bedarf dies der höflichen Aufforderung, da die Menschen es keineswegs allgemein gelernt haben, dem anderen in konstruktiver Weise mitzuteilen, „wie sie es finden". Im Negativfall zu kritisieren, zu poltern und den anderen fertig zu machen, das ist vielfach gesellschaftlicher Brauch, nicht aber, ihm ermutigend mitzuteilen, wie es gut ist oder besser gemacht werden sollte.

Rückmeldung ist wesentlich

Noch ein paar Anmerkungen zum Feedback-Verfahren:

- Die Rückmeldung soll nicht immer nur am Ende einer Kommunikationseinheit erfolgen, sondern je nach Länge auch zwischendurch. Arbeitet z.B. ein Team an einem „kinderfreien" Nachmittag an bestimmten Fragen, so kann sich die Leitung nach eineinhalb Stunden erkundigen, ob „die Arbeitsweise richtig ist", oder ob schneller oder anders vorzugehen sei.

- Es gibt auch die schriftliche Rückmeldung, z. B. kann man in der Elternarbeit am Elternabend in den letzten fünf Minuten die Eltern ein paar Fragen ganz kurz schriftlich beantworten lassen: Was fanden Sie an der Veranstaltung gut – was weniger gut? Was schlagen Sie vor? Je nach Größe und Situation des Teams kann auch innerhalb der Personalgruppe das Einholen von schriftlichen Rückmeldungen durchaus sinnvoll sein.
- Rückmelden soll nicht übertrieben werden. Das Feedback ist nicht um seiner selbst willen da. Das würde krampfhaft sein und lächerlich wirken. Natürlich gibt es auch die Situation, daß die Leiterin den ganz starken Eindruck hat, daß jeder Beteiligte sich während der Arbeitssitzung so engagiert und konstruktiv eingebracht hat, so daß dies als die beste Rückmeldung auf das eigene Verhalten und Vorgehen gilt und ein förmliches Rückmeldeverfahren nicht mehr angebracht ist. Das wäre eine indirekte Rückmeldung.

Vorteile der Rückmeldung Ich möchte die Vorteile der auf Rückmeldung bedachten Kommunikation so sehen:

a) Die Beteiligten fühlen sich ernst genommen und beteiligen sich mehr.

b) Sie werden also aktiviert.

c) Es gibt insgesamt weniger Probleme und Konflikte, da sich die Gesprächsteilnehmer besser verstehen.

d) Bei allen erhöht sich die Sensibilität für den anderen, nicht zuletzt für die Situation der Leiterin.

e) Rückmeldung wirkt bereichernd und gibt vor allem dem Leitenden mehr Sicherheit.

2.2 Die verschiedenen Voraussetzungen beachten

Die Vielfalt und Unterschiedlichkeit der Personen, mit denen die Leiterin zusammenarbeiten muß, das macht ihre Tätigkeit so bunt, oft aber auch so schwierig. Eltern, Kolleginnen, Träger, Öffentlichkeit usw. – sie alle haben andere und verschiedene Voraussetzungen und eventuell abweichende Erwartungen an die Leitung. Und dann sind diese Gruppen in sich noch einmal verschieden, z. B. das Team. Jeder hat seine Identität, jeder hat seine Anders- und Eigenartigkeit, und zwar bedingt durch seine Persönlichkeitsmerkmale, seinen Charakter und sein Temperament, bedingt durch seine Erziehung, Schulbildung und Ausbildung, durch seine persönlichen Erfahrungen positiver wie negativer Art.

Dem Personalteam gehört möglicherweise die Helferin (ohne Ausbildung), die Erzieherin und die Kinderpflegerin, die Sozialpädagogin, eine Praktikantin im Anerkennungsjahr oder eine Vorpraktikantin an. Die Leiterin hat nun die Aufgabe, mit allen zu harmonisieren. Daß das immer nur mehr oder weniger geht, liegt auf der Hand; wichtig ist allerdings, daß man sich über die Tragweite dieses Punktes im klaren ist und ihn so weit wie möglich beachtet.

Ich habe die Vermutung, daß für die allermeisten gescheiterten Gespräche und mißlungenen Aktivitäten hier die Ursache zu suchen ist, nämlich daß die Voraussetzungen „des anderen" nicht genügend berücksichtigt worden sind. Gemeint sind all die Bedingungen, die den anderen zu dem Menschen gemacht haben, der er eben geworden ist, die Merkmale, die ihn so sein lassen, wie er jetzt ist. Man nennt dies auch seine anthropogenen Voraussetzungen, die es immer zu berücksichtigen gilt, soll gute Kommunikation und Kooperation gelingen. Dazu gehört auch der Standpunkt des anderen, „Standpunkt" im Sinne von „wo er steht" und „wieweit er ist" –, nicht nur sein Wissen, Können und seine Auffassung. Demgemäß muß dann die Kindergartenleiterin vielleicht ein „ganz anderes Tempo gehen", als sie es sich zunächst vorgestellt und gewünscht hat.

Anthropogene Voraussetzungen

Gerade der aktive und engagierte Mensch erleidet oft Rückschläge, indem er festellt: Mein Tempo ist nicht das der anderen, z. B. des Kollegiums oder der Elternschaft. Der „andere" heißt deshalb so, weil er nicht ist wie ich; er ist er, und das heißt „anders" und eventuell ganz verschieden. Das heißt für Menschen in Führungspositionen, Geduld zu haben mit den Mitarbeitern und nicht zu glauben, eine rasche Anordnung bringe den besten Erfolg – vielleicht scheinbar den schnellsten, aber nicht den effektivsten.

Jeder hat sein Tempo

Der hier erläuterte Grundsatz hat seine Bedeutung für die Arbeit mit dem Kollegium, mit dem Träger und nicht zuletzt mit den Eltern. Nach längerem Nachdenken darüber hat schon manch eine Leiterin sich eingestehen müssen, daß sie aufgrund der Verletzung dieses Grundsatzes mehr oder weniger z. B. an den Eltern vorbeigearbeitet hat. Sie hat mehr sich und ihre Ziele im Sinn gehabt und diese nicht mit denen der Elternschaft oder der Kolleginnen in Harmonie gebracht. Gefordert ist damit wohl auch ein gutes Maß an Empfindung „mit dem anderen" und Empfindung „wie der andere", nicht zuletzt auch Kompromißbereitschaft – ja man kann sagen: Partnerschaft.

2.3 Die vielen Gesprächsrollen

Die Leiterin eines Kindergartens wird in ihrem Berufsalltag mit derartig unterschiedlichen Situationen konfrontiert, daß sie sich oft fragen muß: „Wer bin ich? Was bin ich?" In der Tat gibt es gute Vergleichsmöglichkeiten mit anderen Berufen. Ist sie nicht immer auch „ein Stück weit" Manager? Werden ihr nicht teils therapeutische, teils rhetorische Fähigkeiten abverlangt? Soll sie nicht einmal etwas Moderator, ein anderes Mal etwas Lehrer sein? Und die sogenannten mütterlichen Fähigkeiten?

Vier Gesprächsarten Wenn ich versuche, die Gesprächssituationen, die von der Leiterin gemeistert werden müssen, zu ordnen, dann komme ich in etwa auf die folgenden vier Arten: Es gibt das *Informationsgespräch*, das *Entscheidungsgespräch*, das *Beratungsgespräch* und das *gesellige Gespräch*. So kann die gesamte Kommunikation der Leiterin etwa eingeteilt werden, wobei in solchen Einteilungsversuchen immer ein Rest bleibt, der nicht unterzubringen ist, weil die menschliche Kommunikation – zum Glück – so bunt und vielfältig ist. Außerdem ist anzumerken, daß die Gesprächsarten so gut wie nie in reiner Form vorkommen, sondern immer mehr oder weniger ineinander übergehen.

Informieren *Informationsgespräche* führt die Leiterin z. B., wenn sie am Elternabend über ein bestimmtes Thema referiert; wenn sie im Pfarrgemeinderat oder einem anderen Gremium über die Arbeit im Kindergarten berichtet; wenn sie ihre Kolleginnen über die von ihr besuchte Leiterinnenkonferenz in Kenntnis setzt. Bei diesen Situationen steht der Informierende im Vordergrund. Die Leiterin spielt also hier eine stärker dominierende Rolle als diejenigen, die ihr zuhören. Diese Rolle soll sie annehmen.

Wer gut informieren will, muß sich entsprechend vorbereiten. Ich will deshalb auf ein paar scheinbare Kleinigkeiten eingehen: Was gesagt und worüber gesprochen werden soll, sollte stichwortartig auf einem Zettel festgehalten und je nach den eigenen Gesprächsfähigkeiten vorbereitet sein. Wer vor einem größeren Kreis spricht, tut meistens gut daran, sich die ersten Sätze, die er sagen möchte, wörtlich auszuformulieren. Das Gleiche gilt auch für die letzten Sätze seines Berichtes oder Referates sowie für einige besonders wichtige oder heikle Punkte während des Vortrages. Um sich zwischendurch etwas notieren zu können, müssen immer Papier und Bleistift zur Hand sein. (Wenn eine Leiterin ohne diese beiden Utensilien in einer Sitzung mit dem Kindergarten- oder Elternbeirat oder mit dem Pfarrgemeinderat erscheint, ist dies nicht gerade ein Zeichen ihrer guten Vorbereitung.)

Eine andere Gesprächsrolle hat die Leiterin beim sog. *Entscheidungsgespräch,* wo es z. B. darum gehen kann, wie das nächste Sommerfest gestaltet werden soll; wie das zehnjährige Bestehen des Kindergartens zu feiern ist, o. ä. Gefragt sind dabei mehr die moderierenden, animierenden und kreativen Fähigkeiten. „Entscheidend" ist normalerweise nicht sie bei diesem Gespräch, sondern die Gruppe, mit der sie gemeinsam die Frage entscheidet: „Machen wir es so oder anders?", z. B. bei Eltern oder Kolleginnen. Hier ist vor allem gute Teamarbeit erforderlich. Bei dieser Gesprächsart ist für die Leiterrolle mehr Zurückhaltung erforderlich als beim Informationsgespräch.

Entscheiden

Vgl. Kapitel III. S. 77 ff. dieses Buches.
Siehe Reflexionsraster auf S. 48.

Noch mehr Zurückhaltung und noch weniger Engagement bedarf es von seiten der Leiterin in *Beratungsgesprächen.* Dabei ist ausschlaggebend, daß der Zu-Beratende selbst eine Regelung oder Lösung seiner Schwierigkeit findet, zu der er dann auch steht. Dies ist nicht der Fall, wenn „für ihn" eine Regelung gefunden wurde. Mit einer solchen wird er sich nicht identifizieren, und schließlich wird sie eventuell nicht hilfreich sein. Erzieherinnen sind meist sehr engagierte Persönlichkeiten – das ist positiv –, was sich aber in der Beratungssituation nicht unbedingt positiv auswirken muß, wenn jemand zu rasch mit „Ratschlägen" zur Hand ist. Eine psychosoziale Beratungssituation hat wesentlich andere Voraussetzungen als Gespräche in irgendeinem Auskunftsbüro. In mehreren der im folgenden behandelten Gesprächsregeln wird dies noch deutlicher.

Beraten

Geselliges Gespräch

Außer den genannten Gesprächssituationen gibt es aber im Kindergarten noch die *geselligen Veranstaltungen,* und auch da wird erwartet, daß die Kindergartenleiterin ein „guter" Kommunikationspartner ist. Manche Eltern erwarten, daß sie eine Art Unterhalter oder gar Stimmungskanone ist, und manche Leiterinnen können dieser Rolle durchaus gut entsprechen.

„Alles zu seiner Zeit", könnte man also sagen. Vor allem aber alles am richtigen Platz und mit dem richtigen Einsatz. Wichtig scheint mir, daß die Kindergartenleiterin sich – ihr Temperament und ihre Fähigkeiten – kennt und, soweit ihr dies möglich ist, den unterschiedlichen Erfordernissen gemäß einzubringen versucht. Dabei muß sie aber nicht heute der geschliffenste Redner, morgen der ausgeprägteste Berater, übermorgen der versierteste Moderator und zwischendurch noch eine Art kommunikativer Clown sein. Allerdings täte hier und da ein wenig Schulung gut, z. B. für das Beratungsgespräch oder die Kommunikation vor einem größeren Gremium. Vielleicht ist die kommunikative Aufgabe der Kindergartenleiterin für die unterschiedlichen Situationen vergleichbar damit, wenn jemand verschiedene Musikinstrumente spielt: Er kann durchaus heute die sanftere Geige streichen und morgen auch einmal auf die Pauke hauen. So etwa wird es wohl auch in der Kindergartenleitung sein dürfen.

2.4 Der äußere Rahmen beim Gespräch

Erzieherinnen haben eine gewisse Vorliebe für eine schöne Gestaltung des äußeren Rahmens bei irgendwelchen Aktivitäten. Meistens braucht niemand einer Kindergartenleiterin zu sagen, wie sie das Büro „etwas gemütlicher" gestalten kann und daß „ein paar Blumen auf den Tisch gehören" o. ä. Manchmal kann man sogar den Eindruck haben, als geschehe hier und da beim Äußeren etwas des Guten zuviel. Ich denke z. B. an die vielen Verschönerungen bei Einladungen und Glückwünschen usw., wobei ein ganz großes Engagement zu sehen ist. Der Kindergarten braucht hier aber nicht das zuviel zu tun, was andere zuwenig tun. Manche Kindergärten könnten da etwas Zeit sparen, womit ich nicht für eine sterile Atmosphäre des Kindergartens sprechen möchte – im Gegenteil. Nur alles mit Maß.

Den äußeren Rahmen von Gesprächen und Besprechungen betrifft auch die Sitzordnung, z. B. beim Elternabend. Ob Kommunikation gelingt, wird davon maßgeblich beeinflußt. Die frontale Sitzordnung kann beim Vortrag durchaus geeignet sein, ist aber sonst eher gesprächstötend als -fördernd. Anregender dagegen ist das Rundgespräch, bei dem in einer Gruppe bis etwa zwanzig Personen alle einander zugewandt sitzen. Für die Durchführung von Kleingruppenarbeit nach einem Vortrag kann es nützlich sein, wenn man mit etwa vier bis sechs Personen an einzelnen Tischen sitzt, die vorher schon mit Stühlen bereit gestellt worden sind.

Sitzordnung

Mit diesen wenigen Beispielen soll lediglich auf die Bedeutung des äußeren Organisationsrahmens und der allgemeinen äußeren Gestaltung aufmerksam gemacht werden. Die Realisierungen können im einzelnen Fall sehr unterschiedlich sein und ergeben sich meistens aus der Situation heraus.

2.5 Die Bedeutung der Beziehung im Gespräch

Immer wenn Menschen miteinander sprechen, spielt ihre Beziehung zueinander eine Rolle. Was, worüber und mit welchem Ergebnis sie sprechen, wird dadurch beeinflußt, wie sie zueinander stehen. Und wie Menschen zueinander stehen können, wissen wir alle aus Erfahrung: (grob eingeteilt) eher freundschaftlich und sympathisch, eher feindlich und unsympathisch, oder aber mehr neutral. Bei aller Kommunikation spielen Sympathie und Antipathie eine Rolle, sie beeinflussen den Inhalt und dessen Annahme oder Ablehnung auf seiten des Hörenden. Wenn Menschen „ihren Mann" hören, dann kann es passieren, daß sie „ihm alles abkaufen". Hier liegt das Problem des Charismas. Vom Sprechenden gehen immer „neben" dem, was er sagt, Ausstrahlungen aus, die daher rühren, wie er es sagt, und die mit seiner Persönlichkeit in Verbindung zu sehen sind. Die Beziehung ist also das Verhältnis, das zwischen Menschen vorhanden ist: Sie mögen einander oder sie mögen einander nicht, oder sie sind eher neutral

Gibt es das neutrale Gespräch?

zueinander. Die zwischenmenschliche Beziehung bildet auch die Basis für Vertrauen oder Mißtrauen. Ist sie gestört, hegen Menschen Mißtrauen gegeneinander – ist sie gut, vertrauen sie einander.

Dies alles ist nun pädagogisch gesehen und für die Arbeit der Kindergartenleiterin von großer Bedeutung; denn die Auswirkungen der Beziehung in der sonstigen Alltagskommunikation finden sich natürlich auch bei der pädagogischen Arbeit, ja teils noch viel schwerwiegender, z. B., wenn ein Kind in der Schule aufgrund eines einmaligen Vorkommnisses beim Lehrer so „in Mißkredit geraten ist", wie der Volksmund zutreffend formuliert, daß es auf lange Zeit hin die Sympathie des Lehrers entbehrt. Dies ist für die Arbeit im Kindergarten ähnlich vorstellbar.

Beziehungsstörungen Störungen in der zwischenmenschlichen Beziehung können schlimme Folgen haben, je nachdem, wo sie vorkommen und wie damit umgegangen wird: Menschen werden von anderen falsch eingeschätzt und schlecht behandelt; Beziehungsstörungen beeinträchtigen generell die Kommunikation und die Atmosphäre. Je nach Schweregrad können sie die Arbeit nicht nur ungünstig beeinflussen, sondern teilweise sogar lahmlegen.

Einige Beispiele zur Verdeutlichung:

– Ein Elternvertreter beschwert sich bei der vorgesetzten Kontrollbehörde des Kindergartens über die Leiterin. „Das Vertrauen war von da an gebrochen und die Zusammenarbeit zunichte. Ich war froh, als die nächste Elternbeiratswahl kam", sagt die Leiterin. „Ein Gespräch war kaum noch möglich."
– Die Leiterin hat eine, wie sie sagt, „total gestörte Beziehung" zu einer Kollegin. „Ich informiere, sie nimmt die Mitteilungen hin – das ist alles", kommentiert sie.
– Die Leiterin ist der Ansicht, daß ein Kind nicht schulfähig ist, das die Eltern aber unbedingt einschulen wollen. Sie betont, sie habe „ein gutes Verhältnis zum Opa" des Kindes, „ein schlechtes" zur Mutter. Als sie mit dem Großvater spricht, erreicht sie, daß das Kind noch ein Jahr im Kindergarten bleibt.

Konsequenz Was ist nun die Konsequenz aus der Erkenntnis der Beziehungsproblematik in der Kommunikation? Soll man sich etwa aus der Befürchtung, eine Beziehung würde leiden oder gar zunichte gehen, Dinge bieten lassen, die nicht angehen? Kann ständiges Nachdenken über Beziehungsfragen nicht zu einem übervorsichtigen Taktieren und zum Verlust des eigenen Standpunktes und der Spontaneität führen? Dies alles ist sicher denkbar, soll aber selbstverständlich nicht erreicht werden, sondern es geht darum, die Problematik zu sehen und in den Fällen, wo es angeraten ist, nicht blindlings zu handeln und Beziehungen zu zerstören, deren Wiederherstellung Jahre dauern kann oder vielleicht nie mehr gelingt.

Eine mögliche Konsequenz, die sich aus der Bedeutung der Beziehung in der zwischenmenschlichen Kommunikation ergibt, ist aber auch die Erkenntnis, daß die Leiterin in bestimmten Situationen selbst etwas für gute Beziehungen tun muß. Ihr kann z. B. nur daran gelegen sein, daß das Verhältnis zum Team, zur Elternschaft und nicht zuletzt zum Träger stimmt. Wer wüßte nicht, daß über Beziehungen oft auch Dinge erreicht werden können, die sonst nicht gingen? Aus anderen Zusammenhängen kennen wir ja die Aussage, daß „Vitamin B" mit im Spiele gewesen sei. Letzten Endes ist dies nichts anderes als der Anwendungsfall – meist allerdings der negative – der Bedeutung der Beziehung zueinander. Menschen stehen also normalerweise nicht so sachlich und neutral zueinander, wie es oft scheint.

Die beste Voraussetzung für eine harmonische Beziehung ist eine zufriedenstellende, regelmäßige Kommunikation. Die Art, wie miteinander gesprochen wird, hängt also von der Beziehung der Gesprächspartner wesentlich ab, während andererseits das Sprechen selbst wiederum die Beziehung prägt: Kommunikation und Beziehung beeinflussen sich wechselseitig; sie sind untrennbar. Wo gute Beziehungen sind, kann nicht nur besser gearbeitet werden, sondern das Zusammenleben überhaupt ist zufriedenstellender – menschlicher. Konflikte werden dort besser geregelt. Die gute Beziehung ist auch die Basis von Vergeben und Verzeihen. „Liebe, und tue, was du willst!" D. h.: Wo die Beziehungen harmonisch sind, können Menschen viel offener und freier handeln, ja, auch mal Fehler machen.

Sprechen prägt die Beziehung und umgekehrt

2.6 Das Schweigen in der Kommunikation – wenn eine Kollegin „nichts" sagt

Ist es nicht jedem Leiter einer Gruppe schon einmal so ergangen, daß dort, wo es gar nicht eingeplant war, plötzlich Schweigen eintrat? Diese Erfahrung macht auch die

Was bedeutet Schweigen?

Kindergartenleiterin. Auch sie sitzt manchmal in der Runde von schweigenden Eltern oder schweigenden Mitarbeitern. Diese Situation ist meistens unangenehm, und zwar nicht ohne Grund: Wir wissen das Schweigen nicht zu interpretieren, wissen nicht, was es heißen soll, und können uns keinen Reim darauf machen. Oft ist es auch so, daß irgend jemand in der Runde glaubt, durch eine mehr oder weniger gelungene witzige Anmerkung die Situation „retten" zu müssen. Offenbar wird Schweigen dort, wo Menschen sich zum Reden eingefunden haben, als unangemessen betrachtet.

Warum aber schweigen denn z. B. Eltern oder Kolleginnen in Situationen, wo sie sich eigentlich frei und engagiert einbringen sollten? Da hat die Leiterin sich so gut vorbereitet, trägt ihre Informationen vor – vielleicht noch geschliffen und versiert –, und was erfolgt? Niemand sagt etwas. Oder es sind immer dieselben, die sich äußern. Wie ist das zu verstehen und was ist zu tun?

Schweigen ist die Nahrung des guten Gespräches

Zunächst sollte einmal gesehen werden, daß keineswegs immer dort die besten Ergebnisse erzielt werden, wo fortlaufend geredet wird. Insofern hat Schweigen (auf die Pause wird noch einzugehen sein) seinen Sinn und ist sehr nützlich und hilfreich. Das Schweigen ist die Nahrung des guten Gespräches. Man darf es keineswegs nur negativ sehen. Andererseits haben wir mit der oben geschilderten Situation umzugehen, in der „keiner was sagt". Nun, diese Aussage ist in sich schon kritisch zu sehen: Es ist falsch, anzunehmen, daß „keiner was sagt"; denn Menschen sagen auf ihre Weise immer etwas, auch wenn sie – dem Worte nach – schweigen. Aber was sagen sie?

Nehmen wir den Fall, daß in einer Arbeitsgruppe, sei es im Team, in der Elternrunde, in der Fortbildung o. ä., etwas vorgetragen worden ist, worüber dann zu sprechen wäre. Es erfolgt Schweigen. Zwei Fehler gibt es, die ein Leiter dann leicht begehen kann: Erstens zu glauben, er selbst müsse nun gleich wieder etwas sagen – was auch immer es sein mag –, und zweitens zu meinen, durch ein direktes Fragen, seine „Zuhörerschaft" zu aktivieren, etwa nach dem Motto: „Nun sagt doch mal was dazu!", oder: „Was meinen Sie denn dazu ...?" Dieses Verhalten ist normalerweise nicht gesprächsfördernd, weil es direktiv ist und den anderen zu wenig „er selbst" sein läßt.

Auch das ist wichtig für eine gute Gesprächsführung, daß
z. B. „die stille Kollegin" entsprechend ihrer Persönlichkeit sie selbst sein kann. Sie hat bis zu einem gewissen
Grade ein Recht darauf, nichts zu sagen, wenn sie es
möchte. Da muß aber genau unterschieden werden, weshalb jemand etwas ruhiger ist als ein anderer. Der ewig
schweigende Mitarbeiter ist wohl auf Dauer auch nicht
gerade der konstruktivste und engagierteste. Dennoch
hilft es gar nicht, wenn gleichsam mit Gewalt versucht
wird, ihn zum Sprechen zu bringen. Der Mensch ist keine
Maschine, die man anwerfen kann.

Gerade in der menschlichen Kommunikation sind soviel
hochkomplexe Zusammenhänge im Spiel, daß Alltagsmei-
nungen zur Erklärung oft nicht ausreichen. Von einem
können wir mit Gewißheit ausgehen: Jeder Mensch, auch **Jeder möchte sich mitteilen**
der noch so schweigsame und verschlossene, möchte sich
mitteilen, nur können die situativen Bedingungen so sein,
daß es ihm schwerfällt. Solche Bedingungen können beispielsweise die Leiterin oder die andere Kollegin sein, die
nach dem Empfinden der schweigenden Kollegin „immer
alles besser wissen" als sie und die diese vielleicht schon
mehrmals „runtergeputzt" und „angefahren" haben. Weiter ist mit Gewißheit anzunehmen, daß es für jeden Menschen, auch den noch so „ruhigen", Situationen gibt, in
denen er sich frei fühlt und gesprächiger ist – je nachdem,
wo er sich befindet und mit wem er zusammen ist und wie
sich seine Gesprächspartner zu ihm verhalten.

Kommunikatives Verhalten ist immer vom Verhalten an- **Abhängigkeit des**
derer mit abhängig. Der Mensch kann also in je anderen **Gesprächsverhaltens**
Gesprächssituationen ein je anderer sein. Das heißt für
die Leiterin, daß sie es weitgehend selbst in der Hand hat,
ob sie kommunikationsfreudige oder verschlossene und
damit auch inaktive Leute um sich hat. Ihr Verhalten bestimmt weitgehend das der anderen.

Unsere oben geschilderte Situation – Vortrag und darauf-
folgendes Schweigen – bedarf also von seiten der Leitung
einer sehr feinfühligen Handhabung. Zunächst ist zu sehen, daß die Leiterin nicht weiß, weshalb auf ihren Bei-
trag hin geschwiegen wird. Was könnte das Schweigen
denn be-sagen, ausgehend von der Annahme, daß der
Mensch immer auch durch Schweigen etwas mitteilt?
„Laß mich erst einmal ein wenig nachdenken!", könnte

doch die Mitteilung „des Schweigers" heißen, oder: „Ich bin mit allem einverstanden, was du gesagt hast." – „Es war so unklar, daß ich vieles nicht verstanden habe." – „Du hast so viel geredet, daß ich mich erschlagen fühle." – Das Schweigen könnte aber auch heißen: „Was hast du denn da gesagt? Es war so schlimm, daß es mir die Sprache verschlägt" usw.

Wer sich die vielen Verständnismöglichkeiten des Schweigens vor Augen hält, dem müßte einleuchten, daß es in solchen Situationen nicht getan sein kann mit irgendeiner unüberlegten Reaktion. Es gibt nachweislich Kommunikationsweisen, die den Mitmenschen ernst nehmen und einbeziehen und aktivieren, und es gibt solche, die ihn „erschlagen". Wenn wir insgesamt einem partnerschaftlichen Leitungsstil im Kindergarten das Wort reden, dann müssen wir auch für eine beteiligende Kommunikation plädieren. Im oben genannten Fall sollte die Leiterin zunächst einmal das Ruhig-Sein ihrer Gesprächsteilnehmer

Die eigene Befindlichkeit ausdrücken annehmen und dann ihre eigene Befindlichkeit zum Ausdruck bringen. Das ist alles, und sie kann gewiß sein, daß dann ein Gespräch aufkommt. Aber was ist ihre Befindlichkeit? Sie ist nicht sicher, wie sie „das Schweigen" – in Wirklichkeit ist es ja eine Mitteilung – verstehen soll, und das sollte sie zum Ausdruck bringen: „Ich weiß jetzt nicht, ob ich Sie gut informiert habe" (Pause) – das wäre eine der möglichen, passenden Verhaltensweisen. Darauf wird das Schweigen von den oder dem Betroffenen selbst erläutert, und man ist im Gespräch miteinander. Ich will kein Rezept geben, aber dennoch anmerken, daß eine Reaktion dann richtig sein dürfte, wenn sie den anderen nicht verletzt und wenn sie die eigene Befindlichkeit zum Ausdruck bringt.

2.7 Die analoge Kommunikation – wie soll ich den anderen verstehen?

Viel Streit unter den Menschen rührt daher, daß sie einander nicht mögen oder gar hassen. Wir haben schon gesehen, welche Bedeutung die gute Beziehung für die Kommunikation und die Arbeitsatmosphäre hat. Zahlreiche Konflikte im menschlichen Zusammenleben haben ihren Ausgangspunkt aber auch darin, daß der eine nicht versteht, was der andere ihm mitteilt: das Mißverständnis. Dieses kommt oft durch eine zu wenig eindeutige Ausdrucksweise zustande, eine Redeweise, die zu viele Interpretationsmöglichkeiten zuläßt. Man spricht dabei von einer sogenannten analogen Kommunikation, und zwar im Gegensatz zu der digitalen Kommunikation. Was das heißt, können wir uns mit Hilfe der Uhr klarmachen. Jeder weiß, daß eine Digitaluhr die Zeit präzise angibt, z. B. 12,29 Uhr. Bei einer herkömmlichen Uhr dagegen, einer sog. Analoguhr, muß man genauer hinschauen, um festzustellen, ob es schon halb eins ist oder nicht; man muß die „Mitteilung" der Uhr an uns erst genauer entschlüsseln, um zu wissen, was sie genau besagt. So ähnlich, nur viel komplizierter, ist es in der Kommunikation der Menschen untereinander. Diese leidet oft unter einer Vieldeutigkeit, die zu Mißdeutungen und Streitigkeiten führen kann, wenn die Betreffenden nicht richtig damit umgehen und sich entsprechend verhalten.

Uhrenbeispiel

Nehmen wir ein Beispiel, das die Kindergartenleiterin in dieser oder ähnlicher Weise, vielleicht mit anderen Bezugspersonen, schon einmal erlebt haben dürfte: In einem Gespräch des Trägers mit der Leiterin „signalisiert" dieser – signalisieren ist übrigens ein modernes Wort für „eine Andeutung machen", ein Zeichen geben, mit dem man noch nichts Eindeutiges anfangen kann –, er sagt also, daß er vom Kindergartenteam, besonders von der Leiterin, eine „gute und engagierte Arbeit" verlange. Die Leiterin vernimmt dieses und, so nehmen wir einmal an, erkundigt sich nicht, was damit gemeint sei. Wir können auch annehmen, sie frage danach, erhalte aber eine Antwort, die den Schluß zuläßt, daß das doch wohl allgemein bekannt sei. (Nun steht aber fest, daß es darüber, was „eine gute und engagierte Arbeit im Kindergarten" ist, durchaus Meinungsverschiedenheiten gibt.) Also beginnt das Rätselraten im Team, und niemand weiß so richtig, was es bedeuten soll, was da gesagt wurde, bis die Leiterin, eventuell nach unruhigen Tagen und Wochen, das Gespräch mit dem Träger wieder aufnimmt und versucht herauszufinden, was er meine. Von Trägerseite her werden erneut Unzufriedenheiten geäußert. Viel weiter kommt man nicht.

Unklare Erwartungen

In einem anderen Fall wird eine neue Leiterin eingestellt, und im Vorgespräch wird über die Erwartungen gesprochen. Der Trägervertreter wünscht drei Dinge: erstens eine Intensivierung der Elternarbeit, zweitens eine sichtbare Beteiligung des Kindergartens am Gemeindeleben und drittens eine bessere Darstellung des Kindergartens in der Öffentlichkeit, als es bisher der Fall gewesen sei. Hier weiß die Leiterin zwar nicht bis in jede Kleinigkeit, aber doch viel genauer, was „auf sie zukommt und wo sie dran ist". Es kann hier nicht so leicht das Gefühl aufkommen, immer noch nicht genug getan zu haben.

Verdeutlichte Erwartungen

Den Grundsatz der möglichst genauen Gesprächsweise, wenn es nötig ist, sollte die Leiterin selbst natürlich auch im Umgang mit ihren Kolleginnen beherzigen.

Um einem Mißverständnis vorzubeugen, möchte ich aber gleich anmerken: Selbstverständlich kann nicht in jedem Fall alles genauestens mitgeteilt werden, etwa auch noch mathematisch ausgezählt; denn zum einen geht das gar nicht, weil es viele Bereiche gibt, die das ihrer Tiefe und Unfaßbarkeit wegen nicht zulassen (z. B. Freundschaft, Liebe, Religiosität), und zum anderen wäre dies der Vitalität und Kreativität im privaten wie im beruflichen Leben abträglich.

Die Kindergartenleiterin tut also gut daran, mit dem Kollegium und auch sonst da, wo es möglich und (!) nötig ist, genaue Absprachen und Vereinbarungen zu treffen, aber **Den Rahmen abstecken** auch da, wo es nötig ist, zwar den Rahmen abzustecken, das Ausfüllen und die Ausführung aber dem anderen zu überlassen. Damit fühlt sich dieser auch in seiner Kompetenz ernst genommen. Hätte der Träger, der von der Leiterin „eine gute und engagierte Arbeit" erwartet, auch so gehandelt, hätte er es also der Leiterin als der ausgebildeten Fachkraft überlassen, wie und womit der Rahmen „gute Arbeit" auszufüllen sei, dann wäre es nicht zu Diskrepanzen gekommen. Auf die Frage des eigenen Verhaltens, wenn ein anderer die uneindeutige Rede bevorzugt, wird im nächsten Abschnitt mit eingegangen.

2.8 Wie gut kann ich zuhören?

Wenn jemand zuhören kann, so wird ihm das normalerweise als eine gute Eigenschaft zugeschrieben. Mag auch Zuhören-Können allein noch keineswegs die gute sozialpädagogische Fachkraft ausmachen, so möchte ich umgekehrt doch vertreten: Wer nicht über die Fähigkeit des vertieften Zuhörens verfügt, ist mit Gewißheit noch keine gute sozialpädagogische Fachkraft. Diese Aussage gilt in gleicher Weise für die Kindergartenleiterin. Auch für sie ist die Fähigkeit des Zuhören-Könnens unverzichtbar. **Zwei Arten des Zuhörens** Wir können zwei Arten von Zuhören voneinander unterscheiden, nämlich passives und aktives Zuhören. Beides hat zu gegebener Zeit seinen Sinn. Beim sog. passiven Zuhören handelt es sich um das normale, aber aufmerksame

Hinhören und Aufnehmen dessen, was der andere sagt. Es ist das alltägliche Zuhören. Auch das sog. aktive Zuhören kennen wir aus der Alltagskommunikation. Um was handelt es sich?

Beim aktiven Zuhören ist es so, daß jemand das, was ein anderer ihm nach seiner Auffassung und nach seinem Eindruck eigentlich hat mitteilen wollen, mit eigenen Worten wiederholt. Er spiegelt gleichsam, was er vom anderen vernommen hat. Zu der Information des anderen bringt der aktive Zuhörer in dem Augenblick keine neue eigene Information hinzu, auch keine Frage o. ä., sondern eben nur die Spiegelung.

Aktives Zuhören

Eine Mutter kommt stöhnend und klagend in die Sprechstunde der Leiterin und beginnt: „Mein Gott, was war das wieder ein Tag heute ..." „Der Tag hat Sie angestrengt ...", könnte die Aussage der Leiterin sein, womit sie aktives Zuhören praktizieren würde.

Aktives Zuhören ist nur ein Element des guten Gesprächs und macht es, wie alle anderen Elemente, allein natürlich nicht aus. Zum erfolgreichen Gespräch, auch zum Beratungsgespräch, gehört selbstverständlich auch die Erarbeitung von Informationen, und zwar die gemeinsame Erarbeitung mit dem Zu-Beratenden.

Das aktive Zuhören hat, je nach Situation wohl unterschiedlich, mehrere Vorteile:

Vorteile des aktiven Zuhörens

- Es hilft, Mißverständnisse zu vermeiden, weil der Sprecher weitere Erläuterungen und Verbesserungen geben kann, falls der Zuhörer ihn anders interpretiert, als es gemeint gewesen ist.
- Der Sprecher fühlt sich durch das aktive Zuhören besser verstanden und bestärkt.
- Aktives Zuhören hat eine entkrampfende und beruhigende Wirkung.

Gerade das letzte Moment hat seine Bedeutung, wenn die Leiterin es mit Menschen zu tun hat, die aufgebracht sind. Rückfragen und Kommentare wirken dann meistens nicht gerade beruhigend. Deshalb ist dort oft aktives Zuhören angebracht.

Das Sich-verstanden-Fühlen, wie wir es beim aktiven Zuhören finden, wird natürlich auch dadurch erreicht, daß dem Sprechenden direkt und wörtlich etwa gesagt wird:

„Da kann ich Sie gut verstehen!", z. B. wenn eine Kollegin aufgebracht erzählt, wie der Vater eines Kindes sie „angefahren" habe und sie „fertig" gewesen sei. Die Leiterin wird als gute Gesprächspartnerin hier ihr Einfühlungsvermögen (Empathie) unter Beweis stellen.

2.9 Pausen aushalten lernen

Wenn jemand „pausenlos redet", so wird ihm das von seiner Umwelt normalerweise nicht gerade positiv nachgesagt. Offenbar haben wir ein natürliches Empfinden für die Bedeutung der Pause in der Kommunikation.
Die Pause ist der Atem des Sprechens. Wer sich dieses Bild vorstellt, dem wird wahrscheinlich klar, wie unverzichtbar sie sein muß. In der sozialpädagogischen Gesprächsführung gibt es unterschiedliche Situationen, wo Pause und das damit verbundene Schweigen sowie das Aushalten des Schweigens am Platze sind. Hier ist von der Kindergartenleitung wieder die Flexibilität in der Gesprächsfähigkeit gefragt.

Bedeutung der Pause In der Gruppenkommunikation, sei es im Team, in der Elternarbeit oder in der Zusammenarbeit mit der Lehrerschaft der Schule, ist eine ruhige Gesprächsführung erforderlich, bei der im gemeinsamen Reflexions- und Entscheidungsprozeß die Pause einen hohen Stellenwert hat. Es wäre ganz falsch, wenn die Leiterin sich in solchen Situationen verhielte wie der Gastgeber, der es für unpassend hält, wenn in der Unterhaltung mit seinen Gästen eine Pause eintritt. Im Gegenteil: Die intensive, alle Beteiligten einbeziehende Gruppenarbeit verlangt die Pause und den richtigen Umgang damit. Nehmen wir an, die Leiterin bringt in die Teambesprechung etwas ein, mit dem sie sich selbst intensiv befaßt hat, das aber für die Kolleginnen ganz neu ist. Dann liegt es auf der Hand, daß jeder sich damit erst einmal auseinandersetzen muß. Hier könnte die Leiterin empfehlen, daß in einer stillen Phase von etwa fünf Minuten jede Kollegin sich darüber ihre Gedanken macht.
Besonders aber muß die Bedeutung der Pause für das Einzelgespräch mit Eltern oder Kollegen gesehen werden. Ein adressatenbezogenes, nichtdirektives Gespräch ohne

die dazugehörenden Pausen und deren Aushalten von seiten dessen, der das Gespräch führt, wäre ein Widerspruch in sich. Die Pause, in der richtigen Länge und am richtigen Ort, ist gerade dort ein weiterführendes und Atmosphäre schaffendes Element. Die Leiterin darf sich auch nicht beeinflussen lassen, wenn sie sieht, daß z. B. im Elterngespräch die Eltern erwarten, daß sie ständig etwas sagt.

Auch bei der Gestaltung von Elternabenden oder sonstigen größeren Veranstaltungen des Kindergartens darf die Pause nicht vergessen werden. Wenn der Elternabend beispielsweise zwei Stunden dauern soll, dann ist es durchaus ratsam, nach der ersten Stunde gezielt eine Pause einzuplanen. Mit einer solchen organisierten Pause ist auf jeden Fall gewährleistet, daß die Eltern auch miteinander ins Gespräch kommen können über das, was sie interessiert. Es ist wohltuend für alle, und wir können sagen, daß jede Art der guten Kommunikation gleichsam von der Pause lebt.

Pause beim Elternabend

Wenn von Pausen „aushalten" die Rede ist, so wird damit zum Ausdruck gebracht, daß Pausen und Stille in bestimmten Situationen als peinlich empfunden werden. Daraus geht hervor, daß viele die rechte Einschätzung von Stille und Schweigen noch erlangen müssen. Es gibt auch das nichtredende, stille Sagen. Manchmal fragt sich auch jemand, der Pausen nicht aushalten kann, ob dies zu erlernen ist. Diese Frage muß mit einem deutlichen „ja" beantwortet werden. Überhaupt möchte ich hervorheben, daß jemand bei normaler Veranlagung das erforderliche kommunikative Verhalten grundsätzlich erlernen kann.

2.10 Was ist nondirektive Gesprächsführung?

Stellen wir uns vor: Die Leiterin hat zu ihrem Team oder in der Elternrunde zehn Minuten lang über ein Thema, das sie gut vorbereitet hatte, gesprochen, und stellt nun die Frage: „Wer möchte dazu etwas sagen?" Oder oft ist etwa zu hören: „Haben Sie dazu Fragen?" Dies geschieht in der Erwartung, daß dann „etwas kommt", und oft ist der Fragende enttäuscht, weil dann „nichts kommt". Die Erklärung kann sein, daß direktive Kommunikation statt-

Direktives Fragen?

gefunden hat; denn diese ist nicht kommunikationsfördernd, sondern -mindernd. Ist ein Vortrag seiner Natur nach schon eher direktiv – was aber meist nicht zu verhindern ist, wenn informiert werden soll –, so ist es um so unvernünftiger, im Anschluß daran auch noch direktiv fortzufahren.

Wir können also unterscheiden zwischen einer eher direktiven und einer eher nondirektiven Kommunikation.

Kennzeichen der nondirektiven Kommunikation

Nondirektive Kommunikation ist gekennzeichnet durch ausreichende Zurückhaltung, z. B. des Beraters oder Referenten oder Leiters, allgemein, aber auch durch Vermeiden von Abfragen und Ausfragen. Direktive Kommunikation bedient sich z. B. eher der bekannten W-Fragen: Wer möchte dazu etwas sagen? (Nondirektiv und meistens angebrachter hieße es: Vielleicht möchte dazu jemand etwas sagen.) Wann war das denn? (Nondirektiv: Vielleicht ist es Ihnen wichtig, zu sagen, wann es war.) Haben Sie mich richtig verstanden? (Nondirektiv: Ich weiß nicht, ob ich so verstanden worden bin, wie ich es meine.)

Natürlich spielen bei der Frage „direktiv oder nicht?" auch Tonfall, Mimik usw., wie überhaupt die nonverbalen Elemente eine Rolle. Der gravierende Unterschied ist darin zu sehen, daß die direktive Kommunikation in ihrer schulmeisterlichen Art nicht nur nicht aktiviert, sondern sogar hemmend wirkt, während die nondirektive Kommunikation einbeziehend, aktivierend und motivierend wirkt. Dies zeigt sich besonders in Beratungsgesprächen, wo es u. a. darum geht, daß der Zu-Beratende selbst für seine Schwierigkeit seine Lösung findet, wobei der Berater ihm lediglich hilft. Das geht nur bei ausreichender Zurückhaltung des Beraters. Die rasche Vermittlung von Tips hilft da wenig; denn der Zu-Beratende muß zu der Lösung stehen, und das ist viel eher der Fall, wenn er sie selbst gefunden hat.

Zu dieser Art der Gesprächsführung gehören auch das aktive Zuhören sowie die sogenannten „Türöffner", wie z. B. „ach ja", „hm", „ja" o. ä., die lediglich bestärkenden und weiterführenden, raumöffnenden Charakter haben.

Nondirekte Gesprächsführung ist ein Konzept für die sozialpädagogische Leitung des Kindergartens. Um nicht mißverstanden zu werden: Selbstverständlich sind damit nicht die direkten Fragen in der normalen, alltäglichen

Arbeit gemeint. Die Leiterin wird nicht nondirektiv vorgehen wollen, wenn sie ihrer Kollegin oder sonst jemand eine ganz normale Frage zu stellen hat. Wichtig ist, daß die einzelnen Elemente der Gesprächsführung natürlich gehandhabt werden, daß sie internalisiert sind und dann da zur Anwendung kommen, wo sie passen und nötig sind.

2.11 Metakommunikation – sprechen über das Sprechen

„Meta" heißt „über", und Metakommunikation heißt dann soviel wie „Kommunikation über die Kommunikation" oder „Sprechen über das Sprechen". Es gibt viele Situationen, in denen dies erforderlich sein kann, z. B. wenn das Gespräch zweier Menschen mißglückt. Sie schreien einander an, und der eine sagt dem anderen: Ich denke, es wäre richtig, wenn wir einmal darüber nachdenken, wie wir miteinander sprechen können. – Dann liegt dem Ansatz nach schon Metakommunikation vor, und wir können sagen, daß Metakommunikation u. a. dann am Platze ist, wenn die Kommunikation schlecht klappt: Dann muß über das Sprechen gesprochen werden, und das verbessert normalerweise das Sprechen. Kommunikation hat der Mensch gelernt, und er ist fähig, darin umzulernen, d. h., seine Kommunikationsfähigkeit zu verbessern.

Metakommunikation wirkt sich allgemein auf die Gesprächsqualität aus, und zwar positiv. Wenn der Leiter in einer Gruppe eine Zeitlang das Gespräch sehr ungeordnet durchgehen läßt und dann die chaotisch gewordene Situation aufgreift und thematisiert – also die Kommunikation zum Thema macht (das ist Metakommunikation) –, dann hat dies eine rasche Wirkung auf die gesamte Gesprächsqualität.

Metakommunikation wirkt positiv

Ein Beispiel für Metakommunikation liegt auch bei der Rückmeldung (Feedback) vor. Auch dabei wird ja gesprochen über vorheriges Sprechen, dessen Qualität und Wirkung. Ebenfalls haben wir einen Ansatz von Metakommunikation, wenn in einer Gruppe geklärt wird, ob jeder spontan sprechen kann oder nur nach förmlicher Wortmeldung.

2.12 „Ich" sagen, wenn ich gemeint bin

Wenn Menschen etwas von sich oder über sich sagen wollen, dann können sie sich unterschiedlicher Wendungen bedienen. Sie können z. B. sagen: „Ich meine ...", „wir meinen ..." oder aber auch: „Man meint ..." Das kann nun insofern zu Kommunikationsschwierigkeiten führen, als der Angesprochene nicht genau weiß, auf wen sich die Aussage bezieht. Oft nämlich wird in der Wir- oder Man-Form gesprochen, wenn der Betreffende nur sich selbst meint, dies aber aus Gründen der Höflichkeit oder des mangelnden Selbstbewußtseins o. ä. eher verbergen möchte. Der richtige Umgang mit diesem Problem kann in der sozialpädagogischen Gesprächsführung sehr wichtig sein. Nehmen wir einige Beispiele.

Beispiele Die Leiterin des Kindergartens hat ein Team, das außer ihr selbst aus sieben weiteren Kolleginnen besteht. Eine Kollegin äußert am Ende der Arbeitsbesprechung ihre Unzufriedenheit, indem sie sagt: „Wir haben den Eindruck, daß Sie uns nicht genügend zu Wort kommen lassen." Eine zweite Kollegin schließt sich dem noch an und sagt, ihr ginge es ähnlich. In diesem Fall dürfte die Leiterin sehr verunsichert sein, solange sie nicht weiß, wer mit diesem „wir" tatsächlich gemeint ist. Ob es nur die beiden Kolleginnen sind oder auch noch andere. Bei näherem Eingehen auf das Problem wird ihr klar, daß die anderen fünf Kolleginnen gar nicht diesen Eindruck haben. Die Leiterin hatte, um die Frage zu klären, formuliert: „Für mich als Leiterin ist es natürlich wichtig, zu wissen, wer mit ,wir' gemeint ist und wie die anderen dazu stehen. Vielleicht ist jeder so freundlich und sagt dazu seine Meinung."

Ein anderes Beispiel betrifft den Elternabend. Eine Mutter: „Man hat bei Ihnen immer das Gefühl, als wollten Sie im Kindergarten alles allein tun." Auch hier kann die Leiterin zunächst einmal nicht wissen, wer mit „man" gemeint ist. Ob es die eine Mutter ist, zwei oder mehrere Mütter, oder ob es der größte Teil der Elternschaft ist.

Noch ein dritter Fall: Eine Mutter erwartet von der Kindergartenleiterin, daß sie ihr Kind einmal pro Woche über Mittag betreue. Die Leiterin könnte nun eventuell sagen: „Das ist aber in unserem Kindergarten so nicht vorgesehen. Man braucht ja schließlich auch die Mittagspause." Diese Aussage würde bei der Mutter mit Gewißheit nicht die Wirksamkeit haben, als wenn die Leiterin gesagt hätte: „Ich arbeite am Vormittag sehr intensiv mit den Kindern, und ich fühle mich überfordert, wenn ich über Mittag keine Pause habe."

Es ist also für eine wirksame und zufriedenstellende Gesprächsführung wichtig, herauszufinden, wer mit „wir" oder „man" jeweils gemeint sein kann. Anzustreben ist eine präzise, aber auch persönlichkeitsbezogene Sprache. Verbesserungen in der Alltagskommunikation sowie in der alltäglichen Arbeit sind nur dann möglich, wenn jeder weiß, wo er dran ist, und sich dann darauf einstellen kann.

2.13 Nur einer zur gleichen Zeit

Auch diese Praxis kennen wir aus dem Alltag: Jemand fängt einen Satz an, der andere fällt ihm ins Wort, sie setzen jeder seinen Satz parallel neben dem des anderen fort, und keiner hört mehr auf den anderen, sondern denkt nur an das, was er selbst sagen möchte. Daß er weiterspricht, hat schon deshalb gar keinen Sinn, weil der andere ihm nicht zuhört. Dieses gilt für beide Seiten. Also wäre es viel besser, wenn jeder dem anderen den Vortritt ließe. Es gibt auch den Menschen, der grundsätzlich aufhört, wenn ein anderer spricht, noch bevor er selbst seinen Satz beendet hat. Oft ist auch zu hören: „Laß mich doch mal ausspre-   **Aussprechen lassen**
chen!" „Fall mir nicht dauernd ins Wort!" Oder etwas höflicher: „Ich war noch nicht fertig." Oder: „Du bist gleich dran."
Auch im Personalteam des Kindergartens kann es die Kollegin geben, die dauernd den anderen ins Wort fällt und damit nichts beiträgt, sondern eher störend wirkt. Menschen sind sich selbst meistens nicht darüber im klaren, daß sie damit stören, und tun dies in der Regel nicht bewußt.
Was kann die Leiterin tun? Natürlich wird sie leitend und förderlich auf eine Klärung hinwirken. Eventuell wird sie auch mit der Kollegin in geeigneter Situation über das Problem sprechen. Vielleicht kann auch eine Fortbildung empfohlen werden, die sich mit Gesprächsführung oder Teamarbeit befaßt. Es kann auch über die Behandlung des Themas „Sprechen mit Eltern" in der Dienstbesprechung eine Verbesserung erfolgen, gleichsam auf indirekte Art. Jedenfalls ist wie bei allem, was die Persönlichkeit der Kolleginnen betrifft, mit der erforderlichen Behutsamkeit zu arbeiten.

2.14 Echt sein, wo es geht

Menschen können sich in Gesprächen sehr unterschiedlich „geben". Z. B. kann jemand sich so verhalten, wie er tatsächlich ist, d. h., seine wirkliche Befindlichkeit nicht verbergen – dann ist er echt; der Betreffende ist dann er selbst und zeigt dies auch. Dies wird in der modernen Gesprächsführung vielfach gefordert und hat gewiß seine positiven Seiten. Geht das aber immer? Ist es in jeder Situation ratsam, „echt" zu sein? Oder gibt es nicht auch Fälle, in denen sich beispielsweise die Kindergartenleiterin eher „diplomatisch" – also wie der Diplomat, dem es äußerlich und sichtbar immer nur gut zu gehen scheint – verhalten muß? Es ist wohl je nach Situation genau zu unterscheiden. Ich möchte an einem Beispiel erläutern, was „echt sein" heißt und wann es angebracht ist.

Beispiel Die Leiterin eines größeren Kindergartens befindet sich im fünften Monat ihrer Schwangerschaft. Sie wird von den Elternvertretern zu einem Gespräch eingeladen, und dabei werden ihr Vorhaltungen über die Qualität der Arbeit des Kindergartens gemacht. Die fünf Elternvertreter, ausschließlich Frauen, sind mit der Arbeit der an sich sehr engagierten Leiterin nicht mehr zufrieden, und sie äußern dies recht deutlich: Es seien Termine zu spät bekanntgegeben worden, die Kindergartenzeitung sei mit viel Verspätung herausgekommen, die Pläne seien ausgeblieben usw. „Die Eltern legten ganz schön los."
Welche Reaktionsweisen der Leiterin, die den Anschuldigungen innerlich bis zu einem gewissen Grade zustimmt, wären nun denkbar? Sie könnte z. B. abwehren und die Dinge herunterspielen und den Standpunkt einnehmen, dies gehe eigentlich die Eltern nichts an. Unsere Leiterin ist aber klug und selbstbewußt genug, um es anders zu machen. Sie weist darauf hin, daß es ihr in den vergangenen Wochen und Monaten tatsächlich sehr schlecht gegangen sei und es für sie belastend gewesen sei, ihren Dienst zu versehen. Allerdings sei ihr dies im allgemeinen dennoch gut gelungen. In der Tat sei aber ihr sichtbares Engagement im Vergleich zu früher etwas weniger geworden, weil es auf Grund ihrer Schwangerschaftsprobleme eben nicht immer so gut gegangen sei. Allerdings habe der Kindergarten – nicht zuletzt dank des Engagements der Leitung – vorher auch des öfteren ein übriges getan, d. h., sich für Dinge engagiert, die nicht immer selbstverständlich und in anderen Kindergärten keineswegs üblich seien. Die fünf Mütter haben Verständnis für die Situation der Leiterin, und im Laufe des Gespräches mindert sich bei ihnen die Befürchtung, ihre Kinder könnten aufgrund der Umstände der Leiterin zu kurz kommen. Das war der eigentliche Grund ihrer Beschwerde.
Es leuchtet ein: Die Leiterin verhielt sich richtig, indem sie nicht den

Eindruck erweckte, als wolle sie alles beschönigen und herunterspielen. Sie war echt, weil sie nicht verheimlichte, daß ihre Übelkeit tatsächlich der Arbeit etwas abträglich gewesen war. In dieser Situation konnte sie echt sein. Ist dies aber immer so?

Die folgende Situation zeigt, daß mit Echt-Sein nicht gemeint sein soll, immer zu zeigen, was die eigentlichen Empfindungen sind. Ich möchte damit nicht für ein heuchelndes oder verstellendes Verhalten sprechen, sondern der Forderung nach Echtheit eine realistische Dimension geben.

Realistisch bleiben

Der Vater eines Kindes beklagt sich bei der Leiterin über deren Kollegin, bei der sein Kind in der Gruppe ist. Sie sei in verschiedener Hinsicht für sein Kind kein gutes Vorbild; nicht gerade die sauberste und ordentlichste sei sie und mache insgesamt keine gute Kindergartenarbeit. Die Leiterin aber weiß selbst schon alles über die Kollegin und hat sich über diese schon sehr oft geärgert. Aber seit einigen Wochen ist sie mit ihr im Gespräch, um ihr zu helfen, und glaubt, eine Basis der Verständigung gefunden zu haben. Eigentlich sieht sie aber die Dinge genau wie der Klage führende Vater und möchte ihm am liebsten offen beipflichten. Das glaubt sie aber nicht tun zu dürfen, sondern sie zeigt ein gewisses Verständnis für die Situation des Vaters, merkt jedoch auch an, daß es überall schon einmal Unstimmigkeiten gebe und sie immer wieder bemüht sei, dort Abhilfe zu schaffen, wo etwas noch nicht so gut sei. Auf den Fall ihrer Kollegin läßt sie sich nicht näher ein, obwohl sie es von ihrer Einstellung und Überzeugung her gerne täte.

Beispiel

Die Leiterin handelt hier nicht falsch; sie muß auch eine gewisse Solidarität mit ihren Kolleginnen zeigen – natürlich ebenfalls bemüht sein, objektive Mißverständnisse abzustellen. Ich möchte richtig verstanden werden: Nicht geht es darum, Kritik abzuwehren und Eltern abzublokken, die Anregungen zur Verbesserung der Kindergartenwirklichkeit geben; das ist teils sogar ihre Aufgabe. Für Eltern ist es sehr ärgerlich, wenn ihre Anregungen von der Leitung „schön angehört" werden, tatsächlich aber nichts geschieht. Die Leiterin verhielt sich diplomatisch. Richtig ist dies, wenn sie die Mängel wahrnimmt, die Kollegin jedoch nicht sichtlich noch mehr bloßstellt, aber weiter mit Erfolg an der Abstellung der Mängel arbeitet.
„Sei echt in der Kommunikation!" soll also nicht bedeuten, daß jeder jedem immer und in jeder Situation das mitteilt, was er tatsächlich empfindet und eigentlich gerne täte. Dadurch würde die gesunde und nötige zwischenmenschliche Distanz, die vor allem auch im beruflichen

Leben erforderlich ist, verlorengehen. Die Devise kann deshalb nur lauten: Unterscheide! Sei echt, wo es möglich und angebracht ist; wo es einem anderen und Dir selbst hilft, aber keinem Schaden zufügt. Wer immer „echt ist", kann – in einer Welt, die es noch nicht gelernt hat, echt zu sein – den kürzeren ziehen und Schaden haben. Dennoch: Jeder sollte da, wo es geht, den Anfang machen.

2.15 Der richtige Umgang mit Seitengesprächen

Jeder kennt es aus Gesprächssituationen in Gruppen: Es wird gemeinsam oder von einem Vortragenden über ein bestimmtes Thema gesprochen. Plötzlich neigen zwei Teilnehmer einander die Köpfe zu und sprechen mehr oder weniger laut oder auch im Flüsterton miteinander. Die Kindergartenleiterin kennt diese Situation aus der Elternarbeit, eventuell aber auch aus dem eigenen Team.

Beispiel In der Teambesprechung wird ein Thema besprochen, zwei Kolleginnen aber beteiligen sich nicht, sondern unterhalten sich miteinander. Die Leiterin weiß aber nicht, worüber. Sie fühlt sich sehr gestört und weiß nicht, wie sie sich verhalten soll. Um den Kolleginnen nicht „zu nahe zu treten", läßt sie sie weitersprechen. Ihren Ärger erträgt sie allein.

Je nachdem, welches Ausmaß solche Seitengespräche annehmen, wirken sie auf die übrigen Gesprächsteilnehmer sehr störend, vor allem aber auf die leitende Person. Was soll die Leiterin tun?

Verhaltensarten Leiter und Referenten haben für solche Situationen sehr unterschiedliche Verhaltensmuster parat, die uns allen bekannt vorkommen (ich halte sie alle für mehr oder weniger unpassend):

– Der Leiter schweigt so lange, bis es wieder ruhig wird, bleibt aber freundlich;
– der Leiter schweigt, wirft aber den Seitensprechern einen bösen Blick zu und bringt sie so zum Schweigen; es wird mucksmäuschenstill;
– die „Sprecher" werden ausdrücklich gebeten, „zuzuhören" und ihr Gespräch auf später zu verschieben;
– ein Referent am Elternabend: „Die Dame im roten Pullover dahinten soll doch laut sagen, was sie ihrer Nachbarin zugeflüstert hat!" Konsequenz: Die Dame im

roten Pullover wird knallrot und sagt den ganzen Abend kein Wort mehr.

Alle diese Kommunikationsarten sind sozialpädagogisch gesehen falsch, weil sie nicht kommunikationsförderlich und integrierend wirken, sondern kommunikationsstörend und -tötend. Wie ist es denn in den meisten dieser Fälle? Der oder die Leitende kennt doch gar nicht den Grund des Seitengespräches und genausowenig den Inhalt. Beides ist jedoch u. U. sehr wichtig. Für Seitengespräche kann es unterschiedliche Gründe geben, z. B.: Ein Vortrag ist zu lang oder langweilig, oder der Seitensprecher hat etwas beizutragen, wagt aber nicht, es laut zu sagen.

Was soll eine Leiterin bei Seitengesprächen tun? Ich meine, sie sollten nicht übergangen, sondern eingeholt werden. Das Leiterverhalten muß von der Absicht geleitet sein,

– den Seitensprecher nicht bloßzustellen, sondern in die Gruppenkommunikation hereinzuholen;   **Absichten**
– den eventuell für die erörterte Frage wichtigen Inhalt zu erfahren und mit zu bearbeiten;
– selbst Sicherheit zu gewinnen, ob vom Leiter etwas Unpassendes gesagt wurde.

Für richtig im Sinne dieser Zielsetzungen halte ich bei solchen Situationen Aussagen, die an den Seitensprecher gerichtet sind und ungefähr so lauten können: „Ich weiß nicht, ob Sie es einbringen wollen." Oder: „Vielleicht wollen Sie es einbringen?" Eine solche Aussage wirkt nicht **„Vielleicht wollen Sie es einbringen?"** verletzend und nicht schulmeisterlich. Der Angesprochene hat dann die Möglichkeit „ja" oder „nein" zu sagen, und zwar in jedem Fall, ohne sich bloßgestellt und angegriffen zu fühlen.

Ein gut geführtes Gruppengespräch wird normalerweise nur wenig Seitengespräche haben. Sind sie dennoch vorhanden, sollte damit integrierend umgegangen werden. Überhaupt ist es Aufgabe der Leiterin, darauf zu achten, daß es nicht unnötige Abschweifungen gibt, z. B. in der Teamarbeit. Für das zielstrebige Arbeiten ist auch der richtige Umgang mit der Zeit wichtig. Natürlich ist auch adäquates methodisches Vorgehen erforderlich, um möglichst wenig Abschweifungen zu haben.

3. Exkurs: Die Beziehung zum „Träger"

Was bisher zur Gesprächsführung erörtert wurde, gilt selbstverständlich auch für den Umgang der Leiterin mit dem Träger bzw. genauer mit dem Trägervertreter. Weil die Beziehung zum Träger in vielen Fällen und in mehrerlei Hinsicht ihre besondere Bedeutung hat, soll darauf hier etwas weiter eingegangen werden. Bei dem Wort „Träger" haben Leiterinnen sehr unterschiedliche Empfindungen, und zwar teils erfreuliche, wie auch weniger erfreuliche. In vielen Fällen ist die Beziehung zum Träger gut, in anderen ist sie dies nicht. Das hängt davon ab, wie der sogenannte Träger – eigentlich muß es ja heißen Trägervertreter, weil der Träger im strengen Sinn, also eine Gemeinde oder ein Verein, juristische Personen sind – zum Kindergarten steht.

Vgl. dazu auch das Kapitel IX über die gemeindebezogene Arbeit des Kindergartens S. 168 ff. dieses Buches.

Die Einstellungen von Trägerverantwortlichen zum Kindergarten können ganz verschieden sein. Nach der Einschätzung von Leiterinnen müßte man fast sagen: Wie vielerlei Kindergärten, so vielerlei Träger. Die Beziehung der Träger zum Kindergarten dürfte gehen von höchst engagiert und interessiert für den Kindergarten über ziemlich indifferent bis sogar eher etwas gegnerisch und ungeliebt. Demgemäß ist dann meistens auch die Beziehung zwischen Leiterin und Träger.

Träger sind anders

Wie das nun auch sein mag: Keine Kindergartenleiterin kann an ihrem Träger vorbei, und daher kann die Empfehlung nur lauten, sich möglichst integrativ und kooperativ zu verhalten und das Verhältnis des Trägers zum Kindergarten wünschenswert zu beeinflussen, wo dies geht. Träger und Kindergarten bilden nämlich eine Rechtseinheit, in der die Leiterin ihren Platz hat und ihre Rolle spielen muß. Mancher Träger läßt der Leiterin dabei fast totale Freiheit, ein anderer tut dies nicht. In jedem Fall ist die Leiterin gegenüber dem Träger in der Rolle des abhängigen Arbeitnehmers, weil er der Arbeitgeber oder Dienstgeber ist. Der Träger bzw. ein von ihm Beauftragter ist der Vorgesetzte der Leiterin. Dies kann auch bei engagierten Aktivitäten, z. B. im Rahmen der Öffentlichkeitsarbeit, von Bedeutung sein. Es sollte nicht geschehen, daß der Träger erst durch einen Leserbrief aus der Zeitung von einem Problem des Kindergartens erfährt.

Es wurde darauf schon bei der Besprechung der Rechtsstruktur hingewiesen; vgl. S. 33 dieses Buches.

Bei der sehr unterschiedlichen Situation, in der die Kindergärten sich gegenüber ihren Trägern befinden, möchte ich der Leiterin einige konkretere Hinweise für den Umgang mit dem Träger geben.

● *Ein gewisses Verständnis haben.* – So gut wie nie hat es die Leiterin auf Trägerseite mit einem Fachmann für Kindergartenfragen zu tun, sondern mit einem Amtsträger, der sich in vielerlei Fragen und Bereiche immer wieder neu eindenken und einarbeiten muß. Wenn ein Träger sich als „permanenter Zehnkämpfer" bezeichnete, so glaube ich, kann dieser Vergleich etwas von dem zum Ausdruck bringen, um was es geht. Die meisten sind wirklich in einer solchen Allroundrolle, daß sie sich nicht selten überfordert fühlen müßten. Dafür ein gewisses Verständnis aufzubringen, heißt natürlich nicht, alles hinzunehmen. Vielleicht kann es aber die Geduld etwas stärken.

Umgang mit dem Träger

● *Erwartungen kennen und informieren.* – Wie unterschiedlich die Träger sind, so unterschiedlich sind auch ihre Erwartungen an den Kindergarten, an Leiterin und Personal. Die Leiterin handelt wohl nicht richtig, wenn sie davon ausgeht, ihr Träger habe keine Erwartungen, solange er keine äußert. Wir wissen, daß es auch sogenannte stumme Erwartungen gibt. „Macht, was ihr wollt. Hauptsache, der Laden läuft!", so empfinden Leiterinnen nicht selten die Auffassung ihrer Träger. Ich halte dies für problematisch und schließlich auch für nicht ungefährlich; denn auch dieser Träger hat, wenn auch ungeklärt, seine Vorstellung vom „guten Kindergarten". Der Leiterin ist zu empfehlen, dies durch gute Absprache für ihre Situation zu klären. Natürlich sollte sie es auch positiv sehen können, wenn der Träger ihr sagt: „Sie sind selbständig in ihrer Arbeit und können sie frei gestalten!" Was für die innere Gestaltung der pädagogischen Arbeit auch rechtlich zutrifft.

● *Regelmäßig informieren.* – Der Leiterin sei aber auch empfohlen, den Träger ausreichend zu informieren, und zwar möglichst aktiv, und nicht erst reaktiv, also reagierend dann, wenn Klagen eingegangen oder falsche Eindrücke bereits entstanden sind. Aktive Information in diesem Sinne wirkt auch vorbeugend. Beim Träger sollte durch eine regelmäßige Information durch die Leiterin ein positiver Eindruck vom Kindergarten und seiner Arbeit entstehen und sich festigen. Diesen positiven Eindruck kann der Kindergarten dadurch verstärken, daß besonders über solche Aktivitäten informiert wird, die im Sinne des Trägers sind und von ihm eventuell besonders geschätzt werden. Die Information des Trägers kann über verschiedene Formen erfolgen, z. B. durch die Übermittlung der Kindergartenzeitung oder des Elternbriefes, durch die Teilnahme des Trägervertreters an Feiern und Festen des Kindergartens, besonders aber durch das regelmäßige Gespräch. Die Leiterin tut gut daran, den Kontakt mit dem Trägerverantwortlichen zu suchen und abzuklären, ob und in welchen Abständen Informationen gewünscht werden.

Beispiel Nicht immer klappt der Kontakt so gut, wie im folgenden Fall eines konfessionellen Kindergartens: Der Pfarrer geht regelmäßig jeden Montagvormittag zur Sparkasse. Anschließend besucht er spontan und unkompliziert den Kindergarten – mal die eine, mal die andere Gruppe. Er spielt mal mit diesen, mal mit jenen Kindern. Sie freuen sich, wenn er kommt, und er fühlt sich angenommen. Auch die Leiterin und das Personal freuen sich über diesen guten Kontakt.

● *Ist der Träger zu ändern?* – Wenn die Leiterin mit ihrem Träger zufrieden ist und die Zusammenarbeit gut geht, sollte sie sich freuen. Wo das aber nicht, oder noch nicht der Fall ist, da müßte überlegt werden, ob etwas zu ändern ist. Ich meine, es hat keinen Zweck, daß eine Leiterin sich ständig darüber ärgert, daß sie nicht den Träger hat, den sie sich wünscht. Ich möchte nicht dafür sprechen, daß Leiterin und Team sich alles gefallen lassen, freilich auch nicht dafür, stets und ständig – eventuell mit eigenen Verschleißerscheinungen – an der Veränderung des Trägers zu arbeiten. Manche sind zu verändern, andere nicht. Bis zu einem gewissen Grade muß man sie lassen, wie sie sind, allerdings in jedem, auch im unerfreulichsten Fall, eine Minimalbasis anstreben. Es sind auch genügend Fälle bekannt, in denen sich das Bewußtsein des Trägers über den Kindergarten geändert hat, und zwar durch die Informationsarbeit vor allem der Leiterin. Manch einem Träger ist dadurch erst klar geworden, welche Bedeutung „sein" Kindergarten überhaupt hat.

III. Die Leiterin und ihr Team

Jeder Kindergarten hat eine Personalgruppe – beim kleinen Kindergarten ist sie kleiner, beim großen ist sie größer. Gerne bezeichnet sich diese Gruppe als Team, und fast alles, was man zusammen tut, heißt Teamarbeit. Nicht selten sieht man Elternbriefe und Einladungen des Kindergartens unterzeichnet mit „Ihr Kindergartenteam". Aber – so ist zu fragen – ist man deshalb auch schon ein Team? Oder was gehört alles dazu? „Team und Teamarbeit" gehören im Verständnis und Sprachschatz von Erzieherinnen zu den beliebtesten Wörtern. Es sind geradezu positiv besetzte Reizwörter. Was aber heißt Team nun des genaueren?

1. Was heißt Team? Was ist Teamarbeit?

Wir müssen zunächst einmal unterscheiden zwischen zwei Arten von Team: Es gibt das Kurzzeitteam (oder Ad-hoc-Team), das für eine bestimmte Zeit an einer bestimmten Aufgabenstellung arbeitet, etwa ein halbes oder ein ganzes Jahr, dann aber seine Funktion erfüllt hat und wieder auseinandergeht. Davon unterscheiden müssen wir das Dauerteam, bei dem die Personalgruppe sehr lange, eventuell ein ganzes Berufsleben zusammenbleibt, wie z. B. **Merkmale eines Teams** beim Kindergartenteam. Durch welche Merkmale zeichnet sich nun das Team aus?

● *Ein Team ist eine Gruppe von Menschen, und diese sind verschieden.* – Im guten Team sind keineswegs alle „Teamer" – wie man heute manchmal auch die Teammitglieder nennt – gleich, sondern erst, wenn es ausreichend Unterschiede gibt und wenn die einzelnen in ihren Stärken und Fähigkeiten ernstgenommen werden, handelt es sich um ein gutes Team. (In anderen Arbeitsbereichen wird „Team" gerade definiert von der Verschiedenheit her, von verschiedenen Berufszugehörigkeiten her, z. B. der Psychologe, Arzt, Jurist, Theologe und Pädagoge o. ä.)

● *Das Team ist eine Kleingruppe.* – Als Größenangaben dafür, wann bereits und wann nicht mehr von einer Kleingruppe gesprochen werden kann, finden wir manchmal drei bis zwölf Personen. Es ist hier überflüssig, darüber zu diskutieren, ob zwei Personen „auch schon", und dreizehn „noch" eine Kleingruppe in diesem Sinne sind. Fest steht: Auch im ganz kleinen, eingruppigen Kindergarten, der von zwei Erzieherinnen bewältigt wird, ist Teamarbeit erforderlich. Das Gleiche gilt für die große Einrichtung mit mehr als einem Dutzend Mitarbeiter.

● *Im Team herrscht eine starke emotionale Verbundenheit.* – Die Personen innerhalb des Teams sind einander also nicht gleichgültig, sondern sie erleben und tragen Erfreuliches wie auch Unerfreuliches miteinander. Sie sind um Solidarität zueinander und Zusammenhalt miteinander bemüht. Vom Team geht man nicht gerne weg, z. B. beim Orts- oder Berufswechsel.

● *Das Team hat ein gemeinsames Ziel bei durchaus verschiedenen Aufgaben.* – Es wurde schon gesagt: Dem Team gehören verschiedene Menschen an. Für das Kindergartenteam ergibt sich dies einerseits von den unterschiedlichen Charakteren und Temperamenten her, andererseits aber auch aus den verschiedenen Qualifikationen und Rollen. Leiterin, Gruppenerzieherin und Kinderpflegerin üben teils gleiche Tätigkeiten aus, teils haben sie jedoch auch ihre eigenen Bereiche und Aufgaben: Sie engagieren sich alle gemeinsam für die Verwirklichung einer guten Kindergartenarbeit, teils aber auch jeder in seiner Funktion. Alle aber gehören sie, und zwar in gleichwürdiger Anerkennung, zum Team.

● *Ohne Teamgeist geht es nicht.* – In der Mitarbeitergruppe, die den Namen „Team" verdient, herrscht die Überzeugung vor, daß es gemeinsam besser geht als allein. Dieser Teamgeist bestimmt auch die Bereitschaft, dann tatsächlich zusammenzuarbeiten.

● *Teamarbeit ist mehr als Gruppenarbeit und Kooperation.* – Kooperieren können auch zwei wirtschaftliche Unternehmen miteinander, die andererseits aber auch durchaus in Konkurrenz zueinander stehen können. Das jedoch ist keine Teamarbeit. Gruppenarbeit muß ebenfalls keine Teamarbeit sein. Es können Menschen ohne jede emotionale Verbundenheit und ohne jede Solidarität durchaus in einer Gruppe zusammenarbeiten – ein Team sind sie deshalb jedoch noch keineswegs. Teamarbeit ist eben eine besondere Art von Gruppenarbeit und eine besonders anspruchsvolle Art der Kooperation.

● *Das Team kennt auch den Konflikt und nutzt ihn konstruktiv.* – Im Team soll zwar eine Grundharmonie vorhanden sein, aber deshalb muß man keineswegs konfliktlos miteinander umgehen wollen. Allerdings darf im allgemeinen ein besseres Konfliktregelungsverfahren und ein höheres Niveau im Umgangsstil erwartet werden.

Wann kann man von einem „Team" im echten Sinne sprechen? Was muß dann vorliegen?

Selbstverständlich hat jedes Team seine Höhen und Tiefen. Team und Teamarbeit sind, wie so vieles im menschlichen Zusammenleben, Ideale, und deshalb gibt es in der Realität auch immer verschiedene Stufen der Verwirklichung dieses Ideals zwischen „konkurrierender Einzelarbeit" und „Teamarbeit". Die Leiterin kann eine Einstufung der Qualität der Teamarbeit in der Einrichtung vornehmen oder von den Mitarbeitern vornehmen lassen. Vielleicht kann das Grundlage einer Teamerörterung werden.

Team und Teamarbeit sind Ideale

Beide Arbeitsweisen, Einzel- und Teamarbeit, haben nun ihre jeweiligen Konsequenzen. Was ist es, was die Teamarbeit so attraktiv macht? Wie läßt sie sich – gerade für den Kindergarten und seine Leitung – begründen?

2. Die Begründung der Teamarbeit im Kindergarten

Der Kindergarten hat sich nicht ohne Grund der Teamarbeit verschrieben, und nicht ohne Grund übt das Wort „Teamarbeit" auf Erzieher und Leiterin seinen Reiz aus. Allerdings dürfen wir nicht davon ausgehen, daß jede Zusammenarbeit immer und in allen Fällen für sich und von Natur aus besser sei als die Einzelarbeit. So ist es sicher nicht, und das gilt auch für die Teamarbeit. Die Erzieherin wie auch die Leiterin des Kindergartens benötigt ebenso die Möglichkeit, für sich allein zu arbeiten, wie die der Zusammenarbeit. Beide, Einzel- und Teamarbeit, haben je nach Zielsetzung innerhalb der Kindergartenarbeit ihre Bedeutung. Der Teamarbeit wird aber heute ein besonderer Wert zugesprochen, und ich glaube, nicht zu Unrecht.

Einzel- und Teamarbeit

Schon bei den Griechen war der bekannte Satz verbreitet:

Das Ganze ist mehr als die Summe seiner Teile. Das bedeutet für das Kindergartenteam: Wo fünf Erzieher zusammen sind, ist das nicht einfachhin „ein Erzieher mal fünf", sondern die Gruppe der fünf Erzieher – das Team – ist mehr; es stellt eine höhere Qualität dar als die addierten einzelnen es sind. Man spricht bei diesem „mehr" von einem sog. Synergieeffekt, das meint den „Zusammenwirkeffekt", also das, was zu der „Energie" aus den einzelnen Personen durch die Zusammenarbeit im Team noch hinzukommt. Vielleicht kann im folgenden angedeutet werden, was gemeint ist. Es geht um ein kleines Gruppentestspiel, das jeder durchführen kann:

Zusammenwirkeffekt

Der Leiter einer Gruppe hat eine Linie an die Wandtafel gezeichnet, deren genaue Länge nur er kennt. Alle Gruppenmitglieder werden gebeten, jeder für sich und schriftlich eine Einschätzung der Länge der Linie vorzunehmen. Erstaunlich ist nun, daß der ermittelte Durchschnittswert aller Einschätzer der genau gemessenen wirklichen Länge der Linie recht nahe kommt, was bei der Einschätzung durch einen einzelnen so keineswegs der Fall ist. Hier sieht man, wie es gemeinsam besser, jedenfalls genauer geht.

Das ist natürlich nicht bei allem so, und man darf daraus selbstverständlich nicht herleiten, daß die Mehrheit die Wahrheit grundsätzlich besser weiß und daß alles von Mehrheiten bestimmt werden könne, z. B. alle ethischen Normen. Das widerspricht jedoch nicht dem Wert der Teamarbeit. Nun zu den Begründungen.

Um für Teamarbeit zu begeistern, ist es wichtig, überzeugende Argumente anführen zu können. Im folgenden soll auf einige Begründungen eingegangen werden.

1. Die Stärken des einzelnen kommen eher zum Tragen. – **Stärken des einzelnen**
Das Team ist eine kleine Gruppe, und durch die Zusammenarbeit kennt allmählich jeder die etwas schwächeren Seiten des anderen, aber auch seine Stärken. Wenn nun aber jeder besonders in seinen Stärken zum Zuge kommt, was meistens auch die Gebiete betrifft, die Spaß machen, dann kann die Arbeit insgesamt am ehesten gelingen. Die eine Kollegin hat ihre Fähigkeiten im Musikalischen, die andere im Handwerklichen und eine nächste entwirft die besten Zeichnungen für den Elternbrief usw. Die Kindergartenarbeit ist so umfassend und vielfältig, daß sie nur arbeitsteilig und bei gemeinschaftlichem Engagement ge-

lingen kann. Teamarbeit ermöglicht am ehesten, daß jeder sich und seine Stärken für den anderen und das Ganze verwenden kann.

Innovation *2. Innovation und Kreativität erfordern Teamarbeit. –* Manche Dinge im Kindergartenalltag verlaufen nach eingefahrenem Schema. Das ist oft gut so und geht teils gar nicht anders. Menschen, vor allen Dingen Kinder, brauchen ihre Leitlinien und können sich nicht in jeder Situation neu orientieren. Neben den Routineangelegenheiten werden aber dem Erzieher im Kindergarten zahlreiche Arbeiten abverlangt, für die er je neu ansetzen und schöpferisch tätig werden muß. Es sind Aufgaben mit innovatorischem und schöpferischem Akzent, z. B. die Frage, wie ein bestimmtes Fest gestaltet werden soll, oder die Kindergartenzeitung und der Monatsplan. Ja, wahrscheinlich ist der weitaus größte Teil der Kindergartenarbeit so wenig schematisiert, daß je neue Wege gesucht werden müssen. Diese kann aber der einzelne nicht allein finden, sondern dazu ist am besten die Teamarbeit geeignet; sie ist dafür geradezu unverzichtbar.

Objektivität *3. Teamarbeit ermöglicht eine objektivere Sicht. –* Die Kindergartenarbeit erfordert ein hohes Maß an Wissen und Können, z. B. Beurteilungsvermögen in sehr bedeutsamen Fragen, etwa: „Ist ein bestimmtes Kind schulfähig oder nicht?" „Liegt bei einem Kind eine echte Sprachstörung, die behandelt werden muß, vor oder nicht? Soll man die Eltern verständigen?" So geht es in der Kindergartenarbeit täglich um Dinge, die nur in gegenseitiger Absprache und Teamarbeit zu leisten sind, wobei die Kenntnisse und das Urteil mehrerer erforderlich ist. Für viele Entscheidungen muß sich das Team auch den Rat von anderen Fachkräften einholen, z. B. in Beratungsstellen o. ä. Immer ist es dabei so, daß „vier Augen mehr sehen können als zwei", wie das Sprichwort sagt. Es ergänzt sich dabei nicht nur das Wissen, sondern die Gefahr von Fehleinschätzungen und falschen Entscheidungen wird geringer.

Koordination *4. Teamarbeit dient der Abstimmung und Koordination. –* Die allermeisten Kindergärten bestehen aus mehreren Gruppen. Im Durchschnitt sind es drei. Aber auch bei dem kleineren oder größeren Kindergarten soll die Arbeit zwischen den Gruppen, soweit es nötig und sinnvoll ist, aufeinander abgestimmt sein, was nicht bedeuten muß, daß alle immer das gleiche tun. Allerdings sind Absprachen über die Aktivitäten in den einzelnen Gruppen unverzichtbar. Das gleiche gilt für koordinierende Gespräche über die Benutzung von Räumen, wie Turnhalle usw. Dafür aber ist Teamarbeit unerläßlich. Vor allem gilt dies dann, wenn es um gemeinsame Unternehmungen mehrerer Gruppen geht.

5. *Teamarbeit fördert die Solidarität und das Verständnis* **Solidarität**
füreinander. – Die Kindergartenarbeit bringt für das Team nicht nur Erfreuliches, sondern es gibt auch genügend Situationen, die Verständnis für den anderen sowie Zusammengehörigkeitsgefühl erfordern. Das kann darin begründet sein, daß tatsächlich einmal schlechte Arbeit geleistet wurde und deshalb Kritik aufkommt, aber auch deshalb, weil unangemessene Anforderungen von außen gestellt werden und unberechtigte Angriffe sich gegen jemand richten. In solchen Fällen braucht jeder das Team als Stütze und Halt. Dies gilt gewiß auch und besonders für die Leiterin in ihrer verantwortungsvollen Aufgabe. Die dann erforderliche Solidarität sowie das Verständnis können am ehesten gegeben sein, wenn in einem Kindergarten ausreichend Teamarbeit praktiziert wird. Schließlich ist es die Teamarbeit, wodurch die einzelne Kollegin in ihrer vielleicht etwas angeschlagenen Motivation am ehesten aufgerichtet werden kann. Gute Teamarbeit beflügelt die Motivation.

6. *Teamarbeit verbessert die Arbeitsatmosphäre.* – Wenn als **Arbeitsatmosphäre**
Gegenteil von Teamarbeit die konkurrierende und die den anderen ausstechende Einzelarbeit zu sehen ist, und wenn man sich vorstellt, welch eine bedrückende Atmosphäre dadurch vorherrschen wird, dann muß auch deshalb Teamarbeit gefordert werden: Um dem Kindergarten die heitere und fröhliche Note zu geben, die er für die pädagogische Arbeit mit den Kindern unbedingt braucht. Wo Menschen miteinander und füreinander arbeiten und sich in allem gegenseitig helfen, ist eine erfreulichere Situation, als wenn das Gegenteil der Fall ist. Daß dies am ehesten auch der christlichen Grundhaltung entspricht, muß nicht allein für den konfessionellen Kindergarten gesagt werden.

Lernmöglichkeiten

7. Teamarbeit bietet optimale Lernmöglichkeiten. – Eine so anspruchsvolle Tätigkeit wie die Kindergartenarbeit erfordert vom einzelnen immer wieder Korrekturen, und zwar in fachlicher wie persönlicher Hinsicht. Niemand dürfte von sich sagen, er habe schließlich ausgelernt und könne für immer alles das, was ihm seine Arbeit abverlangt. So ist die Teamarbeit sowohl für den Berufsanfänger, Vorpraktikanten und Praktikanten, wie auch für die Erfahrenen eine gute Möglichkeit, sich anzuregen und zu korrigieren, aber auch sich auf dem laufenden zu halten. Nicht zuletzt kann dies dem Abbau von Vorurteilen dienen.

3. Teamarbeit und Leitung

Die Teamarbeit im Kindergarten läßt sich hinreichend begründen, wie wir gesehen haben. Allerdings erhält sie ihre besonderen Akzente, ja auch ihre besondere Problematik, wenn man sie aus der Sicht der Kindergartenleitung betrachtet. Kindergartenleiterinnen sind von ihrer Auffassung im allgemeinen „für" Teamarbeit – allerdings bringt das sie nun auch hin und wieder in einen leidvollen Zwiespalt: Auf der einen Seite der Kindergarten als Einrichtung (als organisierte Institution), an deren Spitze sie steht, für die sie die letzte Verantwortung trägt und für welche sie im Ernstfall „den Kopf hinzuhalten hat" – und auf der anderen Seite der Anspruch und die Verpflichtung zu Teamgeist und Teamarbeit. Wie läßt sich das miteinander vereinbaren? Was sind unter diesen Voraussetzungen die Aufgaben der Leitung, wenn sie beiden gerecht werden soll? Vielleicht können die folgenden Reflexionsimpulse hilfreich sein.

Zwiespalt von Kindergartenleitung

1. Die Annahme der Leitungsrolle. – Die Leiterin des Kindergartens will und soll persönlich integriert sein in ihr Team. Sie braucht die Personalgruppe und ist auf deren Unterstützung und Sympathie angewiesen. Andererseits ist sie aber auch die Leiterin dieser Gruppe. Aus dieser ständig ambivalenten Situation, nämlich einerseits Einbindung in das Team, andererseits relativ alleinige Verantwortung für die Einrichtung, kommt sie nicht heraus.

Annahme der Ambivalenz

Diese Rolle muß sie akzeptieren und ausfüllen. Es hat
sehr wenig Sinn, ständig darüber zu räsonieren, ob ein
Team an sich überhaupt der Leitung bedarf und ob ein
Team an sich nicht schon Leitung ist, nein: Tatsache ist,
daß das Kindergartenteam eine Leitung hat und normalerweise wohl auch der Leitung bedarf. Die Leiterin kann
nun aber nicht ständig über die Ambivalenz ihrer Rolle
nachsinnen, sondern sie sollte sie einmal grundsätzlich bedacht und, wo nötig, auch dem Kollegium vermittelt haben. An der Leitung als solcher aber kann niemand in
verantwortlicher Stellung vorbei. Allerdings kommt es
sehr auf das „Wie" an.

2. Der partnerschaftliche Leitungsstil. – Im Kapitel über
den Leitungsstil im Kindergarten wird erläutert, was unter dem partnerschaftlichen Leitungsverhalten zu verstehen ist. Hier geht es um den Zusammenhang von
Teamarbeit und Leiterverhalten.
Wenn ein Team schon der förmlichen und weisungsbe-
fugten Leitung bedarf, wie es im Kindergarten eingerichtet ist, dann muß auf jeden Fall über den zur Teamarbeit
passenden Stil der Leitung nachgedacht werden. Mir   **Teamarbeit erfordert**
scheint, daß es evident sein muß: Teamarbeit schließt von **Partnerschaft**
ihrem ganzen Wesen her ein autokratisches und diktatori-
sches Leiterverhalten aus und erfordert von ihrer Natur
her den partnerschaftlichen Leitungsstil. Ist es nicht so,
daß die Leiterin von ihrem Team Initiative und Engagement, Motivation und Kreativität, Mitverantwortung
usw. verlangt? Dies kann nur erwartet werden, wenn der
Leitungsstil die Mitarbeiterin grundsätzlich als Partner
und nicht als Untergebenen betrachtet und behandelt.

3. Die Beachtung der Kommunikationsregeln. – So wie es   **Keine hierarchische**
einen deutlichen Zusammenhang gibt zwischen Teamar-   **Kommunikation**
beit und dem partnerschaftlichen Leitungsstil, so gibt es
ihn auch zwischen Teamarbeit und der sozialpädagogi-
schen Kommunikation. Es wird dort eine kollegial orien-   Vgl. Kapitel III S. 77 ff. dieses
tierte Gesprächsführung gefordert, die ihre Wirkung für   Buches.
Leitung und Team hat, z. B. u. a.: Alle fühlen sich einbezogen und werden ernstgenommen, die Beziehung wird
beachtet, Rückmeldungen sind nötig usw. Also lauter
Aspekte, die für eine gute Teamarbeit unverzichtbar sind.
Wir können somit zeigen, daß Teamarbeit sowohl einen

partnerschaftlichen Leitungsstil wie auch eine sozialpäd-agogische Kommunikation erfordert und das Gegenteil, nämlich eine hierarchische Kommunikation und Lei-tungsart, jeweils ausschließt.

4. Die persönlichen Voraussetzungen für die Teamarbeit. – Eine engagierte Teamarbeit wird wesentlich von der Art und Qualität der beteiligten Personen bestimmt, und zwar gilt dies für die Leiterin wie auch für jede Kollegin. Ob die Leiterin oder das übrige Kollegium dabei eher den Aus-schlag gibt, müßte bedacht werden. Leiterinnen neigen normalerweise dazu, den Mitarbeitern den Hauptanteil für eine gelungene Teamarbeit zuzuschreiben und das ei-gene Licht ein wenig unter den Scheffel zu stellen. Ich halte dies nicht für richtig. Zwar kann eine noch so tüch-tige Leiterin nicht aus jedem unqualifizierten Kollegium – falls es das so überhaupt gibt – ein gut arbeitendes Team machen; allerdings gilt umgekehrt, daß ein tüchtiges Kol-legium bei unzulänglicher Leitung kaum eine gute Team-arbeit zustandebringen kann. Die eventuelle Bremskraft der Leitung scheint mir größer zu sein als die einer Kolle-gin. Ich möchte die Leiterin ermuntern, zu bedenken, in-wieweit sie ihre persönlichen Voraussetzungen für eine gute Teamarbeit für erfüllt sieht oder wie sie diese eventu-ell verbessern kann.

Die Leiterin ist maßgeblich

Allgemein kann man sagen, daß gute Voraussetzungen für Teamarbeit vorliegen, insofern die Beteiligten über das für die Zusammenarbeit erforderliche Wissen und Können sowie über die richtige Einstellung verfügen. Diese Faktoren kann bis zu einem gewissen Grad jeder an sich selbst, aber auch beim anderen beeinflussen, sei es durch Fortbildung, Lektüre oder Beratung. Allerdings muß trotz dieser optimistischen Betrachtung auch gese-hen werden, daß jeder Mitarbeiter seine persönliche So-zialisation hatte und eine individuelle Persönlichkeit ist. Von heute auf morgen kann niemand die teamfähige Per-sönlichkeit werden mit den wichtigen Eigenschaften der Spontaneität, Flexibilität, Kreativität, Kontaktfreude, In-novationsbereitschaft, Offenheit usw., wenn nicht eine ausreichende Basis vorhanden ist. Allerdings hat jeder die Pflicht, das Seinige an sich zu tun. Die folgende Auflistung von „Teamarbeitsstörern", wie sie von Leiterinnen selbst gesehen werden, kann zur Reflexion anregen. Was die Teamarbeit beeinträchtigt:

Besserwisser – fehlender Korpsgeist – Hierarchie – Querulanten – mangelnde Einsatzbereitschaft – Desinteresse – gegensätzliche Erziehungsstile – fehlendes Verantwortungsgefühl – fehlender Elan – autoritäre Leiterin – Verletzung der Schweigepflicht – Unehrlichkeit – keine Offenheit – Bloßstellen im Team – fehlender Austausch und Kontakt überhaupt – Antipathie – Cliquenbildung – fehlendes Vertrauen – mangelnde Sprach- und Fachkompetenz – mangelnde Qualifikation – fehlende Leitung und Führung führt zum Plausch – Zielunklarheit oder fehlendes Ziel – unkontrolliertes Reden – mangelnde Sensibilität – unerledigte Konflikte – Dominanzbestrebungen – mangelndes Verständnis für andere Mitarbeiter – fehlender Humor – falsches Rollenverständnis – Raucher – Dienstverweigerung – Zuspätkommen und Unpünktlichkeit – falsche Selbstbeurteilung und Selbsteinschätzung – Clownerien – Konkurrenzverhalten – Angst und fehlendes Selbstwertgefühl – Jobbertum – Inkonsequenz – überzogene Erwartungen – Kritikunfähigkeit – negative Vorerfahrungen – Überbewertung einzelner Probleme.

Teamarbeitsstörer

Dieser Katalog von „Teamarbeitsstörern" betrifft den einzelnen in seinem persönlichen Verhalten und kann insofern bis zu einem gewissen Grad auch nur von ihm beachtet und, wenn erforderlich, zur Änderung verwendet werden. Jeder der Störfaktoren läßt sich umgekehrt auch positiv formulieren, so daß z. B. aus „fehlendem Korpsgeist" „Solidarität" wird usw.

5. Die organisatorischen Voraussetzungen. – Es soll hier nicht der Eindruck entstehen, als wäre eine gute Teamarbeit etwas Leichtes, so als ob sie aus dem Ärmel geschüttelt werden könnte und etwas guter Wille schon ausreiche. Außer den persönlichkeitsbezogenen Faktoren aller Mitarbeiter spielen andere Aspekte eine wichtige Rolle. Wir wollen sie hier mit dem Sammelbegriff „organisatorisch" bezeichnen. Es sind Voraussetzungen, die man selbst kurzfristig nur in geringer Form beeinflussen kann. Ich zähle dazu u. a.: die Größe der Einrichtung (z. B. das große Team in einem sechsgruppigen Kindergarten oder im Hort), die Räumlichkeiten, die Zeit (Teamarbeit ist effektiver, kostet manchmal aber auch mehr Zeit), die Art der Machtausübung „von oben" (wenn der Träger mit der Leiterin autoritativ umgeht, kann die Gefahr entstehen, daß sie dies an das Team „weitergibt") usw. Allerdings darf nun nicht angenommen werden, daß die Teamarbeit schon deshalb nicht gut sein könne, wenn auch schon ei-

Sonstige Faktoren

ner dieser Faktoren nicht stimme. Es sind eventuell einflußnehmende Faktoren, die aber von anderen abhängen und durchaus kompensiert oder gar verändert werden können. Wenn ein Leiter „von oben" falsch behandelt wird, ist das keine Entschuldigung dafür, daß er mit seinen Mitarbeitern genauso verfährt. Im Gegenteil: Dann sollte im Team u. U. darüber gesprochen werden können.

Störfaktoren Als eventuelle Teamarbeitsstörer, die man selbst nicht immer in der Hand hat, sehen Kindergartenleiterinnen selbst folgende Punkte: Personalwechsel – Personalmangel – Altersunterschied – fehlende Arbeitsteilung – ungenügende Räumlichkeiten – falsche Zeitplanung – mangelnde Vorbereitung – Störungen von außen (z. B. Eltern, Träger, Telefon) – der Familienstand – die Kinder – das Wetter – falsche Erwartungen des Trägers an die Leitung, die sich dann dauernd im Zwiespalt befindet – versetzte Dienstzeiten – unterschiedliche Tätigkeiten in ein und derselben Einrichtung, z. B. Hort, Kindergarten usw.

Ich möchte gerne noch einmal hervorheben, daß für eine engagierte Teamarbeit die beteiligten Personen – weniger aber die sicherlich auch beeinträchtigungsfähigen Außenfaktoren –, vor allem aber die Leitung, die Hauptrolle spielen, und dabei besonders das Engagement, das vom Team und seiner Leiterin für eine positive Beeinflussung der Voraussetzungen erbracht wird.

6. Das Team als Gruppe. – Wer ein Team richtig leiten möchte, der muß bedenken, daß es sich dabei um eine Gruppe und insofern immer auch um ein gruppendynamisches Gefüge handelt – ein System also, in dem Sympathie- und Antipathiebeziehungen eine Rolle spielen. In Abgrenzung zu anderen Gruppen in der Gesellschaft

Arbeitsgruppe kann das Kindergartenteam als Arbeitsgruppe mit einer festgelegten Zielsetzung bezeichnet werden, etwa im Gegensatz zu Freizeitgruppen. Das Team weist aber als Gruppe eine Reihe von weiteren Merkmalen auf, die es von den meisten sonstigen Gruppen unterscheidet:

- Z. B. die Größe (im Schnitt sechs Personen);
- die Dichte und Nähe (man kann sich kaum aus dem Weg gehen; es kann von einer face-to-face-Gruppe gesprochen werden);
- die relative Gleichstellung der Mitarbeiter bei gleichzeitiger Führung durch die Leiterin;
- die inhaltliche Tätigkeit mit einer ganz starken Selbst-

bestimmungsmöglichkeit (es gibt kaum eine Arbeitsgruppe mit soviel Autonomie bei der Ausgestaltung der Arbeit).

- Das Team kann weiter als sogenannte Primärgruppe bezeichnet werden, was soviel bedeutet wie eine Gruppe mit engen emotionalen Bindungen, mag auch das eine oder andere Team in der Wirklichkeit bei diesem Aspekt nicht so gut abschneiden. Der Leiterin kann dies als Impuls dienen, um die Qualität ihres Teams zu bedenken.

- Wichtig scheint mir noch, daß das Team zwar eine formell gegliederte Gruppe ist, allerdings mit bedeutsamen informellen „Unterelementen". Was heißt das? „Formell" bedeutet mehr die auch „amtlich" festgelegte Rollenstruktur, etwa die Aufgabe der Kindergartenleiterin, der Gruppenleiterin, der Helferin u. ä. Formell kann sich auch auf den sichtbaren Ablauf einer Arbeits- oder Dienstbesprechung beziehen. Außerdem kann es aber für das Team als Arbeitsgruppe viele informelle Begebenheiten geben, z. B., wenn in einem Team von fünf Personen vier sich in einem Freizeitclub regelmäßig engagieren, wird dies die Beziehungen so prägen können, daß das auch in der förmlichen Begegnung an der Arbeitsstelle seinen Niederschlag findet. Wenn in einem Kindergartenteam, das aus sechs Personen besteht, alle außer der Leiterin sich sehr engagiert am Fasching beteiligen und erwarten, daß die Leiterin „mitmacht", dann kann sie sich zwar förmlich auf den Standpunkt stellen, „das sei informell", betreffen wird es sie aber dennoch; betreffen wird es auch die förmliche Gruppe in ihrer Arbeitssituation im Kindergarten.

Informelle Begebenheiten

Das Team als Gruppe zu betrachten heißt u. a., das Team in seiner Gruppendynamik zu sehen. Auch im Kindergartenteam gibt es die Person mit der stärksten Sympathie, und diejenige, die die geringste genießt. Alle anderen befinden sich irgendwo dazwischen. Auch im Kindergartenteam gibt es den sog. Opinionleader, den Meinungsmacher, der die anderen beeinflußt. Das kann sogar in manchen Gruppen soweit gehen, daß es neben der formellen Leitung eine informelle gibt, die in gewissen Belangen stärker ist. Natürlich wird die Kindergartenleiterin be-

Gruppendynamik

dacht sein, daß sie innerhalb der Sympathieordnung nicht gerade in die Omega-Position, also an die letzte Stelle, gerät. Sie wird sich die Sympathien ihrer Kolleginnen nicht ohne weiteres verscherzen, obwohl dieser Punkt sie selbst oft in die Zwickmühle bringt, weil sie eben auch leiten soll und manches nicht durchgehen lassen kann. Als Leiterin sollte sie aber besonders darauf achten, daß Kolleginnen, die nicht gerade die größte Sympathie besitzen, nicht benachteiligt werden, z. B. dadurch, daß nicht auf sie gehört wird, sie kein Verständnis finden, ihnen unliebsame Arbeiten zugeschoben werden o. ä.

Teamarbeit erfordert also von der Leitung, und natürlich auch von den Teammitgliedern, den wachen gruppendynamischen Blick auf das Beziehungsgefüge im Kollegium.

4. Einige praktische Hilfen für die Teamsitzung

Für die meisten der in der Teamsitzung zu beachtenden Dinge bedarf es keiner besonderen Information, weil sie sich nach dem gesunden Menschenverstand ergeben und jeder sie nach seinem Gutdünken handhaben kann. Erinnert sei jedoch noch einmal an das auch für die Teamarbeit erforderliche Gesprächsverhalten. Vielleicht können aber auch die folgenden Hinweise hier und da hilfreich sein.

Vgl. dazu Kapitel II S. 45 ff. in diesem Buch.

4.1 Das Protokoll

Für die ausführliche Teamsitzung bzw. Arbeitsbesprechung ist es unbedingt empfehlenswert, ein Protokoll zu fertigen, und zwar ein sogenanntes Ergebnisprotokoll: Das ist ein Schriftstück, in dem die Ergebnisse einer Dienstbesprechung jeweils mit wenigen Sätzen festgehalten sind.

Punkte des Protokolls

Folgende Punkte sollte ein Protokoll enthalten:
- das Datum und die Zeit, zu der die Dienstbesprechung stattgefunden hat;
- die Namen der Teilnehmer und derer, die nicht teilgenommen haben, etwa mit dem Vermerk „erkrankt" o. ä. (selbstverständlich gehört die Teilnahme zur Dienstpflicht jedes Mitarbeiters);

– die einzelnen Tagesordnungspunkte mit den jeweiligen Ergebnissen und Entscheidungen, z. B., wer bis wann welche Aufgaben und Arbeiten oder Vorbereitungen übernimmt;
– Name und Unterschrift des Protokollanten sowie der Leiterin.

Zur Protokollfrage können die folgenden Hinweise vielleicht noch hilfreich sein: Die Rolle des Protokollführers sollte abwechselnd in alphabetischer Reihenfolge jedes Teammitglied übernehmen; das Protokoll kann im Personalraum ausgehängt werden, damit jeder seine Arbeitsaufträge präsent behält; vor dem Aushang wird es von der Leiterin gesichtet und unterschrieben; zu jeder neuen Arbeitssitzung müßte das Protokoll der vergangenen Sitzung vorliegen und verabschiedet werden; danach wird es in einem besonderen Ordner abgeheftet und aufbewahrt. Die Protokollführung ist nicht nur wegen der aktivierenden und regulierenden Wirkung für jede Kollegin wichtig, sondern auch deshalb, weil damit ggf. die Tätigkeit der Erzieher während der Teamgespräche nachgewiesen ist. Für die Leiterin kann das Protokoll sogar eine gewisse Absicherung bieten, wenn sie im Konfliktfall, z. B. bei Sicherheitsfragen, aufweisen kann, daß sie ihrer Informationspflicht nachgekommen ist.

Hinweise zum Protokoll

4.2 Die rechtzeitige Bekanntgabe der Arbeitsbesprechung

Jeder an der Teamsitzung teilnehmenden Kollegin sollten die Tagesordnungspunkte vorher bekannt sein, und sie muß Gelegenheit erhalten, selbst Punkte, die sie bearbeitet haben möchte, einzubringen. In manchen Kindergärten hängt im Büro ein Sammelblatt aus, auf dem jeder etwas für die nächste Dienstbesprechung einbringen kann. Wenn nötig und möglich sollten auch schon vorbereitende Arbeiten verteilt und erledigt werden, z. B. Materialien sichten für die Bearbeitung des Rahmenplanes o. ä.

Sammelblatt

In einem Kindergarten hat man gute Erfahrungen gemacht mit der Pinnwand, die in folgende Gebiete eingeteilt ist und zur vorbereitenden Mitarbeit auffordern soll: 1. Unser nächster Elternbrief; 2. Ideen für das Sommerfest; 3. das neue Rahmenthema; 4. Allgemeines.

Pinnwand

So oder ähnlich kann die Leiterin alle Kolleginnen mit einbeziehen.

4.3 Das Vorgehen bei der Teamsitzung

Natürlich hängt die Art des Vorgehens stark von den zu bearbeitenden Gegenständen und Arbeitszielen ab. Zunächst ist wohl zu klären, in welcher Reihenfolge vorzugehen ist. Dies muß nicht streng nach der festliegenden Tagesordnung sein, sondern die Leiterin kann durchaus das Team bitten, jeder möge äußern, ob es für ihn besonders dringliche Punkte gibt. Im wesentlichen wird sich aber die Abfolge an den für den Kindergarten anstehenden Arbeitsvorhaben, aber auch an der zur Verfügung stehenden Zeit orientieren. Die Leiterin sollte ein Gefühl dafür haben, wann ein Punkt ausreichend behandelt ist – allerdings gilt hier nicht nur der eigene Eindruck, sondern auch der des Teams.

Eine Frage ist, ob die Kindergartenleiterin selbst immer die Teamsitzung zu leiten hat. Es spricht einiges dafür, daß dies nicht so sein muß und daß man auch hier, wo es möglich ist, ein rollierendes Verfahren finden kann.

Was darf nun bei einem aktivierenden Leiterverhalten im Teamgespräch erwartet werden? Es ist eigentlich so vieles, daß es gar nicht alles gesagt werden kann – allerdings auch nicht gesagt werden muß, weil vieles so selbstverständlich ist. U. a. wird bei einem guten Teamleiter gerne gesehen

Aktivierendes Leiterverhalten

– insgesamt ein freundlicher Umgang;
– Einholen der Erwartungen aller Beteiligten;
– eine gute Vorbereitung der Arbeitssitzung;
– Transparenz der Ergebnisse;
– Beteiligung möglichst aller am Gespräch;
– keine Überforderung des einzelnen; ihn „da abholen, wo er steht";

Besonders sei hier verwiesen auf den Umgang mit dem Reflexionsraster auf S. 48 dieses Buches.

– ausreichend Rückmeldung holen und geben, und zwar während und am Ende der Sitzung.

4.4 Das Brainstorming als methodisches Verfahren

Viele Möglichkeiten

Es gibt eine ganze Reihe von Möglichkeiten des methodischen Vorgehens bei der Teamarbeit, und es sei nochmals hervorgehoben, daß diese Frage stark davon abhängt, woran im Team gerade gearbeitet wird. Besonders für Aufgaben, bei denen ein gewisser eingefahrener Trott zu überdenken und nach neuen Wegen zu suchen ist, kann das Brainstorming-Verfahren empfohlen werden. Darauf möchte ich hier exemplarisch kurz eingehen.

Brainstorming heißt wörtlich soviel wie „Sturm auf's Gehirn". Man könnte auch sagen „Bewußtseinssturm". Gemeint ist ein Verfahren, bei dem jeder seinen Ideen einmal völlig freien Lauf lassen kann. Brainstorming ist aber mehr als nur gemeinsam zu überlegen, wie ein bestimmtes Vorhaben zu bearbeiten ist. Das wäre ein Mißverständnis. Selbstverständlich kann auch das für manche Belange ausreichend und gut sein. Brainstorming meint jedoch etwas anderes. Zu beachten sind dabei folgende Punkte:
a) Es muß besprochen werden, was mit Brainstorming gemeint ist und wie dabei vorzugehen ist. Der Leiter klärt dieses mit dem Team ab.
b) Jeder nennt das, was ihm als eine Idee für den Lösungsweg zum betreffenden Vorhaben in den Kopf kommt, und zwar unabhängig davon, ob es sich um eine vernünftige und gangbare, oder eine „verrückte" Idee handelt; oft braucht man eine größere Anzahl verrückter Ideen, um eine kleine Anzahl vernünftiger zu finden. Das könnte gerade auch das kreative Moment ausmachen.
c) Während der Äußerungsphase, also beim eigentlichen Brainstorming, darf keine Kritik geübt werden, jedenfalls keine negative – etwa nach dem Motto: „Das geht aber wirklich nicht! Das läßt sich doch nie realisieren!" Eine solche Kritik würde die kreative Leistung des einzelnen beeinträchtigen; es würde ihn hemmen, und die besten Ideen würden möglicherweise gar nicht gefunden oder einfach nicht geäußert.
d) Wer hält die Ideen schriftlich fest? Das ist eigentlich gleichgültig. Wichtig ist nur, daß sie als Stichworte schriftlich, eventuell auf einer Wandtafel, erscheinen. Wenn die Ideensammlung groß an der Wand hängt, hat das für jeden einen gewissen Aufforderungscharakter zum Weitermachen. Sehr wichtig ist, daß nur von einem einzigen Teammitglied geschrieben wird, damit die anderen in ihrem Bewußtseinssturm durch Papier und Bleistift nicht gebremst sind.
e) Wenn keine Ideen mehr genannt werden, erfolgt das Ordnen. Man wird das aussortieren, was gar nicht zu verwirklichen ist – auch unter dem Aspekt der Verantwortung für den Kindergarten –, und aus dem Übrigen den gangbarsten und interessantesten Weg wählen.

Exemplarisches Beispiel

Das Brainstorming läßt sich gerade bei der Arbeit im Kindergarten für viele Fälle anwenden. Es hat den Vorteil, daß Ideen gefunden werden, auf die sonst kaum jemand kommt.

Vorteile

Außer dem Brainstorming können je nach Ziel, Situation und Personen andere brauchbare Methoden für die Teamarbeit in Frage kommen, etwa Rollenspiel, Blitzlicht, Arbeiten mit der Wandtafel usw.

Andere Verfahren

IV. Gibt es eine gute und eine schlechte Art der Leitung?

1. Was heißt Leitungsstil?

Die Leiter von Einrichtungen können sich in bestimmten Situationen sehr unterschiedlich verhalten. Je nachdem, wie „stark" jemand leitet – eventuell auch anordnet, kontrolliert, kritisiert o. ä. – spricht man in der Umgangssprache sehr rasch von einem autoritären Leiter. Dies gilt auch für die Leitung des Kindergartens. Auch sie kann eventuell „zu stark", „zu schwach" oder „gerade richtig" sein. Kindergartenleiterinnen fragen sich selbst oft, ob sie den richtigen Stil praktizieren. Vor allem, wenn irgendetwas „schief läuft" oder „daneben gegangen" ist, stellt sich die Frage: „Habe ich in meinem Leitungsverhalten etwas falsch gemacht? Oder stimmt gar mein ganzer Leitungsstil nicht? Kann ich überhaupt auf Dauer einen Kindergarten leiten? Bin ich dazu geeignet?" usw. Die Frage nach der persönlichen Leitungsqualität stellen sich wohl vor allem die jungen Frauen, wenn sie plötzlich die Leitung eines Kindergartens übernehmen sollen.

Es ist also offenbar so, daß es verschiedene Arten des Leitens gibt und daß Kindergartenleiterinnen, je nach Persönlichkeit und sonstigen Bedingungen, unterschiedliche Leitungsstile praktizieren. Des weiteren scheint es „richtiges" und „falsches" Leitungsverhalten zu geben.

Stil

Zum Begriff „Stil" möchte ich anmerken: Wir kennen ihn besonders aus der bildenden Kunst und aus der Musik. Ein Stil kennzeichnet eine bestimmte Epoche und weist dabei vor allem durchgängige Merkmale der einzelnen Kunstwerke auf. Ähnlich ist es auch beim Leitungsstil. Der Leitungsstil einer Kindergartenleiterin meint das Verhalten, das sie normalerweise in sich ähnelnden Situationen, bei denen ihre Leitungsrolle relevant wird, zeigt, vor allem aber in Konfliktsituationen; ob sie sich dabei etwa eher autokratisch, d. h. „selbstherrschend", oder eher partnerschaftlich, d. h. den anderen miteinbeziehend, verhält. Statt autokratisch findet man manchmal auch die Bezeichnungen „autoritär", „autoritativ" oder „direktiv", und statt partnerschaftlich findet man auch „kooperativ"

Den Begriff „Leitungsstil" möchte ich dem des „Führungsstils" vorziehen, weil er mir eher den partnerschaftlichen Geist zu verkörpern scheint und nicht so unliebsame Assoziationen der deutschen Vergangenheit bewirkt.

Definition von Leitungsstil

o. ä. Wir können den Leitungsstil so definieren: Es ist ein relativ konstantes und einheitliches System des verbalen und nonverbalen Verhaltens, das eine verantwortliche Person in ihrer beruflichen Tätigkeit gegenüber Mitarbeitern äußert.

Die Frage, ob jemand in Wirklichkeit einen partnerschaftlichen Stil bei der Leitung des Kindergartens praktiziert, dürfen wir also nicht etwa von einer einzelnen Aussage oder von einer einzelnen Reaktion her, die wir bei ihm beobachten, beantworten, sondern wir müssen ihn und sein

Verhalten im Ganzen Verhalten im Ganzen betrachten. Jemand kann einmal durchaus schlecht disponiert sein und daher eher die Nerven verlieren – deshalb muß er aber noch nicht im allgemeinen autokratisch den Kindergarten leiten. Auch muß man bei einzelnen Äußerungen immer den Zusammenhang beachten, in dem sie stehen. Sonst wird dem Betreffenden eventuell Unrecht getan, indem man ihn falsch einschätzt. Dieser Hinweis auf die erforderliche Mitsicht des jeweiligen Zusammenhanges gilt auch für die folgenden Darlegungen. Wird über einzelne Aussagen und Reaktionen berichtet, werden oft nur die Verbalisierungen angegeben. Der weitere Zusammenhang, wie z. B. Tonfall, Erregtheit, Mimik, Gestik usw., die dabei im Spiele sind, wurde nur in der jeweiligen Situation erlebt, aber nicht weitergegeben. Das kann aber an der einzelnen Aussage von jemand sehr viel verändern und ihn auch „nicht mehr so schlimm" erscheinen lassen.

Im folgenden sollen Grundsätze für partnerschaftliches Verhalten in der Kindergartenleitung formuliert werden. Brauchbare Grundsätze verständlich zu beschreiben, ist nicht ganz leicht. Sie sollen ja nicht zu allgemein formuliert sein, weil sie sonst nicht mehr informativ sind. Es reicht nicht aus, wenn man jemand sagt, er möge „ein guter Leiter" sein; denn darunter kann sich jeder etwas anderes vorstellen. Grundsätze sollen aber auch nicht zu konkret formuliert sein, weil sie sonst dem einzelnen keinen Spielraum für seine persönliche Ausprägung mehr ließen.

Konkret, aber auch offen Es gibt eine Sprachebene, auf der Grundsätze formuliert werden können, die sowohl konkret genug als auch offen genug sind, so daß die Kindergartenleiterin in ihrer Praxis etwas damit anfangen und ihr Verhalten beobachten kann, sich auf der anderen Seite aber nicht zu sehr eingeengt fühlt. Bei der Beschreibung der folgenden Grundsätze wird jeweils ein Aspekt genannt, unter dem wir das Leitungsverhalten sehen, und dann wird der Grundsatz formuliert. An Beispielen aus der Praxis wird belegt, was und wie es im einzelnen gemeint ist. Die Grundsätze und Aspekte stehen alle zueinander in Bezug und gehen teilweise ineinander über. Nicht ein Aspekt für sich allein genommen, sondern sie alle zusammen sollen das Leitungsverhalten beschreiben.

2. Grundsätze des partnerschaftlichen Leiterverhaltens

2.1 Aspekt: Art und Weise der Arbeitsregelung

● **Grundsatz:** Wo immer es möglich ist, sollten die Arbeiten abgesprochen werden.

Es kann sehr unterschiedlich sein, wie im Kindergarten die Arbeit, d. h. konkreter die Verteilung der Arbeit, geregelt wird. Im Falle der autokratischen Leitung erfolgt dies über die Anordnung durch die Leiterin, und zwar gegebenenfalls auch gegen die Auffassung der Mitarbeiter, während im Falle der partnerschaftlichen Leitung die Arbeitsregelung über den Weg der Absprache erfolgt.

Absprache statt Anordnung

Nehmen wir an, in einem Kindergarten muß der Speicherraum aufgeräumt werden. Die Leiterin wendet sich an eine Mitarbeiterin: „Frau X, bis Montagnachmittag räumen Sie bitte den Speicherraum auf!" Im partnerschaftlichen Verhalten dagegen würde die Leiterin die Aufgabe bei der Arbeitsbesprechung einbringen und sich erkundigen und absprechen, wer die Arbeit übernehmen kann.

Hier wird schon deutlich, daß partnerschaftliches Leiterverhalten u.a. bestimmte organisatorische Voraussetzungen erfordert, z.B. regelmäßige Arbeitsbesprechungen mit allen Kolleginnen, vor allem aber Zeit. Die Leiterin darf jedoch nicht leichtfertig den Standpunkt einnehmen, sie habe zu wenig Zeit für ständiges Absprechen und müsse deshalb Anordnungen treffen.

In einem anderen Beispiel geht es um einen Elternnachmittag, und die Leiterin ordnet an: „Frau X, wir müssen in diesem Monat noch einen Spielnachmittag für die Eltern machen. Machen Sie ihn doch bitte am 12. April, und zwar ab 14.00 Uhr". Die partnerschaftliche Leiterin dagegen wird dies mit ihren Kolleginnen absprechen und gemeinsam Tag und Uhrzeit bedenken und auch gemeinsam überlegen, wer die Aktivität durchführt.

„Während Frau X den Waschraum säubert, putzen Sie die Fenster", hört man eine andere, wenig partnerschaftliche Leiterin ihren Mitarbeiterinnen sagen. Die partnerschaftliche Leiterin dagegen würde diese Frage absprechen und gemeinsam mit allen überlegen, wer zu welcher Zeit bestimmte Arbeiten übernehmen kann.

Exkurs: Die Autorität der Leiterin

An dieser Stelle wird dafür eingetreten, daß die Leiterin nicht autoritär sein soll. Andererseits soll sie aber Autorität haben – auch wenn sie diese nicht immer zeigen muß. Oft ist es so, daß derjenige, der genügend Autorität besitzt, sie überhaupt nicht demonstrieren muß. Echte Autorität wirkt von selbst. Wir wollen etwas verdeutlichen, was Autorität heißt.

Unser Wort Autorität leitet sich aus der lateinischen Sprache ab, und zwar von dem Wort augēre, das u. a. soviel bedeutet wie „wachsen machen". Dabei wird schon deutlich, daß „Autorität" keineswegs den negativen Beigeschmack haben muß, den sie während der letzten Jahre oft erhalten hat. Es kommt darauf an, daß mit der Autorität, die ja immer auch mit Macht gegenüber Menschen verbunden ist, richtig umgegangen wird, und zwar bei dem Autoritätsinhaber wie bei denjenigen, die davon betroffen oder eventuell abhäng sind. Wer Autorität hat, ist verantwortlich für den angemessenen Umgang damit und die daraus hervorgehenden Konsequenzen.

Augēre = wachsen machen

Drei Arten von Autorität sind zu unterscheiden: Personenautorität, Sachautorität und Amtsautorität.

1. Personenautorität. – In vielen Situationen ist entscheidend, was jemand aufgrund seiner Persönlichkeit an Ansehen bei anderen genießt und welche Ausstrahlung er hat, wie faszinierend er durch sich selbst auf die Mitarbeiter z. B. wirkt. Manche Menschen bringen aufgrund ihrer Erziehung und Erfahrung eher das mit, was persönliche Autorität zu nennen ist, als andere. Es sind gewiß nicht allein körperliche Größe und Erscheinungsbild oder

Personenautorität

Durchsetzungsvermögen in der Argumentation, die hier maßgeblich sind – obwohl auch das eine Rolle spielen kann –, sondern es ist der ganze Mensch, der hier wirkt.

2. Sachautorität. – Dieser Aspekt der Autorität hängt mit dem Wissen, Können und der Erfahrung, die jemand auf einem bestimmten Gebiet besitzt, zusammen. Ob die Leiterin des Kindergartens z. B. gründliche Kenntnisse in einem Bereich hat – sei es Elternarbeit, Kindergartendidaktik oder was auch immer aus der täglichen Arbeit – oder nicht, das bestimmt ihre Sachautorität. Kein Mensch kann **Sachautorität** und muß alles wissen, auch nicht die Leiterin des Kindergartens; andererseits ist es auch nicht gerade vorteilhaft, wenn sie immer diejenige ist, die von ihren Kolleginnen über neue Ideen und Erkenntnisse der Kindergartenerziehung unterrichtet wird. Sie wird sich nicht nur durch das Lesen der Tageszeitung über die politischen Ereignisse im engeren und weiteren Umkreis auf dem laufenden halten, sondern auch durch die Lektüre einer Fachzeitschrift und von Fachliteratur überhaupt. Sie soll nicht immer alles besser wissen, aber ein gewisser Vorrat an Kenntnissen ist für ihre Sach- und Fachautorität unverzichtbar.

3. Amtsautorität. – Diese Autorität wird durch das Amt, also hier das Amt der Leitung des Kindergartens, von dem dazu legitimierten Trägerverantwortlichen verliehen. Dabei wird besonders der rechtliche Gesichtspunkt von Autorität gesehen. Man kann es so sagen: Mag auch jemand mit persönlicher und fachlicher Autorität noch so schwach ausgestattet sein, die Amtsautorität hat er als le- **Amtsautorität** gal eingesetzter Leiter dennoch; es ist allerdings die Frage, was sie ihm nützt. Auch der Vater, der sein Ansehen bei seinem 17jährigen Sohn verloren hat, ist und bleibt „von Amts wegen" der Vater. Doch hilfreich ist das wohl wenig.

Auch in der Kindergartenleitung hilft das Ausüben von sogenannter Amtsautorität der Leiterin in den allermeisten Fällen nicht – im Gegenteil: Die Kolleginnen merken wohl sehr bald, daß damit schwache Punkte verdeckt werden sollen. Hilfreich ist die Amtsautorität allein im Kindergarten auch schon deshalb nicht, weil die Leiterin auf das Team und die Teamarbeit angewiesen ist, und mit der Ausübung von Amtsautorität allein auf Dauer bei den meisten Mitarbeitern kaum etwas auszurichten ist. Der Kindergarten ist auf Dauer für das Kollegium und die Eltern, aber auch für den Träger und nicht zuletzt für die Leiterin selbst zufriedenstellend nur zu bewältigen, wenn eine Leiterin genügend persönliche und fachliche Autorität besitzt und die Amtsautorität so gut wie nie eingesetzt werden muß. („Eine gute Leiterin muß nicht ständig die Leiterin heraushängen".) Die Amtsautorität kann nun aber auch durchaus ihre positive Bedeutung haben, z. B. in dem Fall, wo in einem Kindergarten einer jungen Mitarbeiterin die Leitung übertragen wird, während die frühere Leiterin weiter in demselben Kindergarten als Gruppenerzieherin tätig bleibt. Mag diese Situation auch selten gegeben sein, so kann aber gerade in solch einem Fall auch das Moment der Amtsautorität durchaus seine Bedeutung haben – am ehesten natürlich dann, wenn die „neue Leiterin" der persönlichen und sachlichen Autorität nicht entbehrt, wenn sie mit ihrem Amt wächst und so mehr und mehr an Ansehen gewinnt.

2.2 Aspekt: Der Umgang mit den Interessen der Mitarbeiter

● **Grundsatz:** Soweit es geht, sollten die Interessen der Mitarbeiter berücksichtigt werden.

Die Interessen, um die es hier geht, können privater wie auch dienstlicher Art sein. Beide Arten können im Umgangsstil ihre Bedeutung haben. Im partnerschaftlichen Leitungsstil wird die Leiterin die Interessen der Kolleginnen – wo immer es möglich und sinnvoll ist – respektieren, während dies im autokratischen Stil nur in geringer Weise geschieht. Dies hat selbstverständlich auch etwas zu tun mit den Stärken der Mitarbeiter. Wenn jemand z. B. auf musikalischem Gebiet seine Stärken und Interessen hat, wird dies möglichst zu beachten sein. Es wäre nicht vernünftig, jemand Aufgaben aufzuerlegen, die er nicht bewältigen kann. Wann und zu welchem Kurs jemand im Rahmen der Fortbildung geht, wäre ein anderes Beispiel, in dem die Wünsche der Kollegin berücksichtigt werden können. Natürlich darf umgekehrt von jedem Mitarbeiter erwartet werden, daß eine Abstimmung der eigenen Wün-

Respektierung statt Mißachtung der Interessen

sche, Interessen und Bedürfnisse mit denjenigen der Einrichtung, Kolleginnen und Leiterin, ja überhaupt der ganzen Arbeit erfolgt. Aus der Sicht der Leitung geht es aber um den Umgang mit den Mitarbeitern, und es ist sehr maßgeblich für den Stil, wie auf die Interessen der Mitarbeiter eingegangen wird.

Natürlich hat auch dieser Grundsatz des Leitungsverhaltens seine Grenzen, wie das folgende unerfreuliche Beispiel zeigt:

Eine Gruppenerzieherin geht regelmäßig jeden Morgen in das Büro und telefoniert dort privat. Die Leiterin begeht nun den Fehler, daß sie das Büro abschließt, statt mit der Kollegin über das Problem zu sprechen. Beide finden dies eine schlechte Regelung, da niemand so recht zufrieden ist.

Es soll aber hier auch erwähnt werden, daß die Leiterin bemüht sein müßte, die Interessen und Wünsche der Kolleginnen zu erfahren; denn es ist bekannt, daß manche es leichter haben, sich und ihre Bedürfnisse in den Vordergrund zu stellen, als andere, die bescheidener und zurückhaltender sind und deshalb eventuell benachteiligt werden, wenn die Leiterin sie nicht ermuntert, sich einzubringen.

2.3 Aspekt: Macht und Abhängigkeit

● **Grundsatz:** Möglichst wenig Äußerungen, die auf Macht und Abhängigkeit hinweisen.

Rechtlich und arbeitsmäßig gesehen hat die Leiterin bei aller Bedeutung von Teamarbeit und Kooperation selbst normalerweise im Kindergarten gegenüber den Kolleginnen auch eine Vorgesetztenfunktion. Damit hängt die Frage ihrer Macht einerseits und der Abhängigkeit der Mitarbeiter andererseits zusammen. Die Leiterin weiß aber auch, daß tatsächlich sie selbst auch auf ihr Team angewiesen ist. Machtpositionen verleiten jedoch manchmal dazu, Äußerungen zu tun, die auf die Abhängigkeit des anderen aufmerksam machen – wobei es vielleicht auch anders ginge.

Selten Machtäußerungen

Denkbare Fälle:

– Die Leiterin droht einer Jahrespraktikantin an, daß ein bestimmtes fehlerhaftes Verhalten sich in ihrem Zeugnis auswirken werde.

– Einer Mitarbeiterin wird von der Leiterin gesagt, sie habe die „pflegerischen" Arbeiten ihrer Gruppe zu erledigen; anderenfalls werde der Träger informiert.
– Eine Berufspraktikantin scheut sich, den obligatorischen Elternabend durchzuführen. Die Leiterin droht ihr an, daß dies in ihre Beurteilung komme.

Je nach Verhalten des Mitarbeiters sieht ein Leiter sich immer wieder einmal in der Situation, in der die Anwendung von Äußerungen der Macht und Stärke erfolgversprechend erscheinen. Es soll nicht in Abrede gestellt werden, daß „klare Worte" manchmal durchaus hilfreich sind. Vorsicht ist aber geboten, weil Machtäußerungen noch keineswegs die unerwünschten Einstellungen verändern, sondern in erster Linie Angst erzeugen, da es sich meist um offensichtliche oder versteckte Drohungen handelt.

2.4 Aspekt: Reversibilität (Verhaltensumkehrbarkeit)

● **Grundsatz:** Gutes Leitungsverhalten ist prinzipiell umkehrbar.

Im alltäglichen Berufsleben finden wir oft genug den Fall, daß Vorgesetzte mit ihren Mitarbeitern (man spricht auch von Untergebenen) in einer Art umgehen (wir kennen dafür auch das Wort „umspringen"), wie sie es umgekehrt niemals dulden würden. Die Wortwahl und der Tonfall des Chefs sind nach dem üblichen Verständnis „nicht umkehrbar", d. h. nicht reversibel; man sagt auch „irreversibel". Im partnerschaftlichen Leitungs- und Umgangsstil

Reversibilität statt Irreversibilität ist dies anders. Dort finden wir ein Leiterverhalten vor, das grundsätzlich umkehrbar (reversibel) ist, was bedeutet, daß die Äußerungen, die vom Leiter gegenüber dem Mitarbeiter getan werden, im Prinzip auch von diesem selbst gegenüber dem Leiter getan werden können – ohne daß es gegen Takt und Höflichkeit verstößt. Diese Umgangsform darf als die richtige des guten Kindergartens angesehen werden, und es ist anzunehmen, daß sie in der überwiegenden Mehrheit unserer Kindergärten realisiert wird.

Wir haben mit diesem Grundsatz gleichsam die goldene Regel des guten Leiterverhaltens gefunden. „Was du nicht willst, daß man dir es tu, das füg auch keinem anderen zu!", so heißt die alte goldene Regel, und Leiter können sie als Maßstab übernehmen, da sie selbst eigentlich so behandelt werden wollen, wie es das partnerschaftliche Leitungsmodell vorschreibt: als Partner, d. h. im Prinzip gleichwertig und gleichberechtigt. Eine Einschränkung erfährt dieser Grundsatz jedoch da, wo die Kindergartenleiterin es beispielsweise mit Mitarbeitern zu tun hat, die einer stärkeren Führung bedürfen, vielleicht bedingt dadurch, daß sie es nie anders gelernt haben. Das ändert aber an der Gültigkeit des Grundsatzes als solchem nichts.

- Eine Leiterin kritisiert – positiv und negativ – die Arbeit der Kolleginnen. Im Sinne des reversiblen Verhaltens des partnerschaftlichen Umgangs wird sie es für selbstverständlich halten, daß die Kolleginnen auch ihre Arbeit kritisch – positiv und negativ – beurteilen sollen.
- Offener Kindergarten: Die Leiterin hospitiert bei einer Mitarbeiterin und stellt „erhebliche Mängel in der Arbeit" fest. Umgekehrt duldet dieselbe Leiterin aber nicht, daß bei ihr hospitiert wird. Das ist ein irreversibles und damit nicht wünschenswertes Verhalten.
- Eine Leiterin verlangt von ihren Kolleginnen Pünktlichkeit und im Falle der Verspätung – auch der geringfügigen – eine Begründung. Im Sinne der Reversibilität begründet auch die Leiterin den Kolleginnen, weshalb sie sich selbst hat verspäten müssen.

2.5 Aspekt: Handlungsspielraum

● **Grundsatz:** Gemeinsame Absprache der Aktivitäten, aber auch Spielräume lassen.

Es geht hier um die Frage, inwieweit die Leiterin ihre Kolleginnen bei bestimmten Aktivitäten innerhalb der Arbeit festlegen sollte, ohne daß diese selbst eigene Ausgestaltungsmöglichkeiten haben, oder ob sie sich andererseits mit dem Team auf bestimmte Vorhaben einigt, jedem aber seinen Spielraum der genaueren Konkretisierung überläßt. Der Grundsatz gilt nicht nur für die Leiterin gegenüber den Mitarbeitern, sondern eigentlich auch von einer Kollegin zu jeder anderen: Freiheit und Eigenständigkeit der Arbeit des einzelnen sind hier gemeint. Betrachten wir einige Beispiele:

Spielräume lassen statt detaillistische Festlegungen

- In einem Kindergarten einigt man sich gemeinsam auf die Durchführung eines Sommerfestes. Die Leiterin regt an, jeder möge sich überlegen, was er beitragen könne und auf welche Art. Man einigt sich, daß jeder in Absprache mit den anderen seinen Stand eigenständig machen soll.

- In einem anderen Kindergarten ist es üblich, drei Elternabende in einem Jahr durchzuführen, und zwar gruppenbezogen, wobei jede Gruppenleiterin die thematische und methodische Gestaltung in Eigenverantwortung übernimmt.
- Ebenso regelt man es mit der Exkursion, auf deren Durchführung sich das Kollegium allgemein einigt. Der einzelnen Kollegin wird aber überlassen, ob sie mit Kindern und Eltern eine Bahnfahrt unternimmt oder ob sie z. B. eine Herbstwanderung durchführt.
- Auf dem Wochenplan steht „Malen mit Fingerfarben". In der einzelnen Gruppe ergibt sich aber erst, ob ein Haus oder etwas anderes an das Fenster der Gruppe gemalt wird.
- In einem Kindergarten beklagt sich die Leiterin, daß eine Kollegin mit ihrer Gruppe vom Plan abgewichen sei: Man hatte einen gemeinsamen Plan für alle Gruppen. In einer Gruppe bringt aber eines morgens ein Kind einen Igel mit, was die Gruppenerzieherin als eine willkommene Situation aufgreift und thematisiert. Die Leiterin wünschte hier, darüber in Zukunft informiert zu werden.

Gemeinsame Monats- und Wochenpläne?

Um was es in diesem Grundsatz des Handlungsspielraums für den einzelnen geht, kann an der Frage der Planung der Arbeit überhaupt gut verdeutlicht werden. In vielen Kindergärten ist es so, daß man sich auf gemeinsame Themen für Monats- und Wochenpläne einigt, und zwar u. a. deshalb, weil sonst in den einzelnen Gruppen Fragen oder gar Klagen befürchtet werden, warum in der einen Gruppe nicht das gemacht werde, was die andere längst tue.

„Warum backen Sie nicht mit unseren Kindern? Die Gruppe von Frl. ..." „Weshalb kochen unsere Kinder noch nicht?" „Die andere Gruppe arbeitet aber mit Vorschulblättern. Was tun Sie? ..." Jeder kennt dies aus der Praxis zur Genüge.

Zunächst sollte gefragt werden, ob solche Fragen nicht positiv zu sehen sind, und zwar als Anlaß, um zu erläutern, weshalb es hier so und da anders ist. Zum anderen muß man aber solche Gelegenheiten nutzen, um darzulegen, was es mit situationsorientiertem Arbeiten im Kindergarten auf sich hat. Jeder Kindergarten hat selbst zu entscheiden, welche Vorhaben in seinem Bereich mit seinen Kindern sinnvoll sind. Wichtig ist aber, daß jeder dem anderen seinen Spielraum läßt; denn das ist gerade die große Chance der freien Arbeit im Kindergarten: Der Rahmen wird gemeinsam gesucht und entschieden, jeder einzelne kann aber – weitestgehend eigenständig – sich und seine Arbeit mit seinen Kindern darin verwirklichen.

2.6 Aspekt: Verständnis (Empathie)

● **Grundsatz:** Die Leiterin zeigt Verständnis für die Belange der Kolleginnen, wo immer es geht.

Die Kindergartenarbeit könnte gesehen werden als eine berufliche Tätigkeit wie jede andere, in der private Dinge und Probleme nichts zu suchen haben. Jedem leuchtet ein, wie kurzsichtig eine solche Sichtweise wäre; denn ob es einem gefällt oder nicht: jede Kollegin bringt auch ihr Privatleben irgendwie mit in den Kindergarten; Freud und Leid aus Familie und Freundeskreis spielen mehr oder weniger in der beruflichen Tätigkeit eine Rolle. In der Kindergartenarbeit können sie sich sehr entscheidend im Umgang mit den Kindern auswirken – positiv wie negativ; natürlich verschieden, je nach den Erfahrungshintergründen und nach der Art, wie der einzelne Mitarbeiter sich von persönlichen Ereignissen beeinflussen läßt. Entscheidend ist aber auch, wie das Kollegium, vor allem die Leiterin, sich in dieser Frage verhält. Ich meine, die Leiterin hat hier eine besondere Verantwortung, vor allem dann, wenn es sich bei einer Kollegin um persönliche unerfreuliche oder gar leidvolle Dinge handelt. Die Leiterin wird sich nicht in das Privatleben einer Kollegin einmischen, wenn es von dieser nicht gewünscht oder abgelehnt wird, aber es gibt wohl genügend Fälle, wo es darum geht, daß sie Verständnis und Mitempfinden für die Situation der Kollegin haben soll. Ich meine nicht jene Weichlichkeit, die in jeder Kleinigkeit ein großes Problem sieht und dem anderen nichts mehr abverlangt, weil für alles und jedes Verständnis erwartet wird. Gemeint ist das nötige Mitempfinden, sich also in die Situation des Mitarbeiters hineinversetzen können, wo es menschlich richtig und beruflich erforderlich ist. Empathie nennt man diese Art des angemessenen Mitempfindens auch.

(Randnotiz:) **Das nötige Verständnis und Mitempfinden**

2.7 Aspekt: Kontrolle

● **Grundsatz:** Kontrolle in der Kindergartenarbeit muß kollegial sein.

„Kontrolle" hat für die meisten Menschen einen unangenehmen Beigeschmack. Ich weiß nicht, ob dieses Empfinden bei den Berufstätigen in der sozialpädagogischen

Arbeit besonders verbreitet ist. Jedenfalls haben sie diese Arbeit nicht gerade gewählt, um sich im beurflichen Alltag nach dem üblichen Schema auf Schritt und Tritt kontrollieren zu lassen. Wir müssen uns aber fragen, was mit Kontrolle überhaupt gemeint sein kann und wie das verbreitete Verständnis ist.

Zwei Arten von Kontrolle könnten wir voneinander unterscheiden: erstens eine Kontrolle, die mehr oder weniger von oben herab, also im Sinne des üblichen Vorgesetztenverhaltens erfolgt, und zweitens eine Kontrolle, bei der partnerschaftlich – kollegial und fachlich fundiert – vorgegangen wird. Die erste Art der Kontrolle nennen wir Sanktionskontrolle, und zwar deshalb, weil die Arbeit beeinflußt und gesteuert wird durch Sanktionen, d. h. Bestrafungen im negativen, Belohnungen im positiven Fall, wobei der Vorgesetzte bestimmt, was als negativ bzw. positiv anzusehen ist. Er ist es auch, der über Gratifikationen, wie z. B. Beförderungen und Gehaltserhöhungen oder das Gegenteil davon, bestimmt. Diesen Kontrollstil finden wir oft in Behörden oder anderen Hierarchien. Für den Kindergarten paßt er nicht, und zwar von den Menschen her gesehen, die dort arbeiten, wie aber auch von der Arbeit her betrachtet, um die es geht. Diese verlangt von ihr selbst her zwar Kontrolle, aber nach einem anderen Stil. Wir wollen das Vorgehen nach diesem Stil Argumentationskontrolle nennen, und zwar deshalb, weil hier bei der Kontrolle der Arbeit das Argument im Vordergrund steht. Das soll noch näher erläutert werden.

Zunächst ist also davon auszugehen, daß überhaupt die Kindergartenarbeit transparent zu machen und der positiven wie ggf. auch negativen Kritik auszusetzen ist. Das begründet sich daraus, daß die Kindergartenarbeit gesellschaftlich sehr bedeutsam ist und daß sie von der Gesellschaft finanziert wird. Der Kindergarten hat einen klaren gesellschaftlichen Auftrag, und deshalb ist es selbstverständlich, daß Kindergartenarbeit auch kontrolliert werden muß. Demnach müßte auch die Einstellung der sozialpädagogischen Fachkräfte sein, nämlich Kontrolle als etwas Selbstverständliches zu betrachten. Allerdings kommt es auf das Wie an.

In der Argumentationskontrolle wird jeder partnerschaftlich behandelt, und niemand hat in einer berufsfachlichen

Vgl. auch S. 40 dieses Buches.

Sanktionskontrolle

Argumentationskontrolle

Frage schon deshalb Recht, weil er der Vorgesetzte ist. Im konkreten Fall, wo es um die Frage geht, ob eine Kollegin ihre Arbeit richtig versehen hat oder nicht, ist immer zuerst einmal zu fragen, was von der Fachlichkeit her, also der Kindergartenerziehung, „zu dem Fall" zu sagen ist. Natürlich wird dabei der „gesunde Menschenverstand" nicht ausgeschaltet, sondern mit angewandt; denn viele Fragen, um die es bei der Kontrolle der Arbeit im Kindergarten geht, lassen sich – fachlich gesehen – keineswegs eindeutig so oder so entscheiden. Das ist aber genau der Punkt, weshalb „argumentiert" werden muß. Es müssen alle Argumente gesammelt und gegeneinander gehalten und abgewogen werden, und zwar fachlich fundierte wie auch andere. Erst dann kann beurteilt werden, ob jemand „richtig" oder „falsch" gehandelt hat. Das ist das Wesentliche an der „Argumentationskontrolle", die prinzipiell als die einzig mögliche Kontrollart der sozialpädagogischen Arbeit des Kindergartens anzusehen ist. Im Zusammenhang mit dem partnerschaftlichen Leitungsstil ist aber auch die Quantität der Kontrolle zu sehen. Hat der autokratische Leiter die Auffassung, die Arbeit der Mitarbeiter müsse möglichst oft kontrolliert werden – er hält auch unerwartete und unangekündigte Kontrollmaßnahmen für richtig –, so ist dies beim partnerschaftlichen Leiter nicht der Fall; die Beziehungen sind hier stärker von Vertrauen geprägt. In der Kindergartenleitung vertraut die Leiterin im Prinzip darauf, daß jeder seine Arbeit gut und richtig versieht. Dennoch wird sie sich Einblick in die Arbeit der anderen und den anderen Einblick in die eigene Arbeit verschaffen. Wer selbst die eigene Arbeit der kollegialen Kontrolle stellt, darf am ehesten damit rechnen, daß auch die Kollegin es bald für selbstverständlich hält. Das eigene Verhalten hat auch hier Vorbildwirkung.

Vertrauen ist besser

2.8 Aspekt: Gleiche Rechte

● **Grundsatz:** Die Leiterin beansprucht keine Sonderrechte für sich.

Mit jeder Leitungstätigkeit ist auch eine gewisse Machtbefugnis verbunden. Möglicherweise könnte jemand daraus, daß er als Leiter eine besondere Stellung mit besonderer Verantwortung hat, auch besondere Rechte und Ansprüche ableiten. Ist das nicht auch für die Kindergartenleitung naheliegend? Sollte nicht die Leiterin gerade als Ausgleich für ihre Mehrarbeit gewisse Privilegien haben?

Rein rechtlich gesehen hat selbstverständlich die Leiterin im Kindergarten eine andere Stellung als die übrigen Mitarbeiter. Dies ergibt sich meist aus der Dienstordnung und dem Arbeitsvertrag. Ihre Rechtsstellung zwischen Träger und Kollegium geht daraus hervor. Das ist die eine Sache. Eine andere ist aber die Frage – und das betrifft den realen Leitungsstil –, ob die unterschiedliche Rechtsstellung im Alltag auch zu unterschiedlichen „Rechten" und „Ansprüchen" führen darf und soll. Leiterinnen selbst verneinen dies meist nachdrücklich. Auch als Leite-

Privilegien für die Leiterin? rin wollen sie sich im Sinne des Teammitgliedes verstehen und für sich keine Privilegien beanspruchen. Auch in der hier vorgestellten Leitungsstiltheorie wäre dies unpassend. Es kann nicht einerseits für eine prinzipielle Umkehrbarkeit des Leitungsverhaltens gesprochen werden und andererseits für die privilegierte Stellung der Leiterin. Die Praxis zeigt aber hier und da doch, daß manche Leiterinnen der Neigung zum Privileg widerstehen müssen.

- Überstunden: Hat die Leiterin mit ihrem Trägerverantwortlichen vereinbart, daß sie für ihre Mehrarbeit als Leiterin zu bestimmten, Zeiten „früher gehen" kann, so wird sie dies im partnerschaftlichen Verhalten mit dem Team besprechen und jemand bitten, sie zu vertreten.
- Putzarbeiten: Wo das pädagogische Personal putzen muß und die Leiterin erwartet, daß es engagiert geschieht, wird sie selbst sich nicht scheuen, den Besen in die Hand zu nehmen.
- Arztbesuch: Geht die Leiterin während der Dienstzeit regelmäßig zum Arzt, darf sie von den Kolleginnen nicht erwarten, daß diese ihre Arzttermine nur außerhalb der Dienstzeit wahrnehmen.
- Ältere Kinder: Die altersgemischte Gruppe hat sich allgemein durchgesetzt. Es sind aber Fälle bekannt, wo die Leiterin für sich beanspruchte, nur die Gruppe der Kinder zu haben, die als nächste in die Schule gehen („die Großen").
- Pausen: Auch hier sollte Gleichbehandlung gelten. Wer für sich als Leiterin jeden Morgen eine Kaffeepause beansprucht, sollte auch dafür sorgen, daß sie anderen ermöglicht wird.
- Urlaub: Die partnerschaftliche Leiterin wird sich nicht die besten Zeiten für ihren Urlaub reservieren, bevor das Kollegium eventuell seine berechtigten Wünsche vorgetragen hat.

Die hier angedeuteten Fälle illustrieren keineswegs den Ist-Zustand in unseren Kindergärten, als würden sich Leiterinnen ständig diese Sonderrechte herausnehmen. Nein, im Gegenteil: Vielfach scheint es eher so zu sein, daß Kindergartenleiterinnen freiwillig für sich den weniger attraktiven Teil wählen. Sie wollen für sich nicht nur keine Privilegien haben, sondern engagieren sich noch dafür, daß Kolleginnen nicht benachteiligt werden, wie folgende Praxisfälle zeigen:

Privilegien der Kolleginnen?

- Im Kindergarten werden neue Tassen angeschafft, die aber nur für zwei Gruppen reichen. Eine muß weiterhin die alten nehmen. Die Leiterin erklärt sich von sich aus dazu bereit.
- Für einen der drei Gruppenräume werden neue Möbel angeschafft. Die Leiterin hat ihren Gruppenraum am Eingang, und der Träger wünscht, daß sie (aus Repräsentationsgründen) die neuen Möbel nimmt. Eine Kollegin meldet aber auch Ansprüche an, und die Leiterin überläßt ihr die neuen Möbel.
- Die Kinder müssen bis zum Abholen durch die Eltern von einer Kollegin betreut werden. Oft werden einzelne Kinder verspätet abgeholt. In vielen Kindergärten scheint es Brauch zu sein, die Verspätungsbetreuung als Aufgabe der Leiterin anzusehen.
- Ein Kind hat gebrochen. Wer beseitigt den Auswurf? Die Leiterin – kommentierend: Es reiche ihr, wenn sie es einmal wegzumachen hätte.

Auch im Punkt der Gleichberechtigung dürfte aber die Kindergartenwirklichkeit sehr unterschiedlich sein, weil jeder Kindergarten seine Realität und seine Personen hat. Die tatsächliche unprivilegierte Situation der Leiterin sollte nun aber auch nicht gerade zu einer prinzipiell unterprivilegierten werden. Nimmt sich die Leiterin keine Sonderrechte, hat dies gewiß positive Konsequenzen, z. B. größere Zufriedenheit und mehr Anerkennung von seiten der Kolleginnen usw. Andererseits soll aber auch hervorgehoben werden, daß gleiche Rechte auf seiten der Leiterin auch gleiche Pflichten auf seiten jeder Kollegin bedeuten muß.

2.9 Aspekt: Umgang mit Informationen

● **Grundsatz:** Der Informationsverlauf erfolgt nicht nur von oben nach unten, sondern jeder soll informieren können.

Es ist allgemein bekannt, wie unterschiedlich mit Informationen umgegangen werden kann. Der nichts Böses ahnende und an nichts Widerwärtige denkende Mensch spricht mit dem anderen redlich und offen. Wir kennen aber auch den Fall, daß Informationen gezielt eingesetzt oder gezielt vorenthalten werden, und zwar mit der eventuellen Absicht, von etwas abzulenken oder etwas gar nicht erst ins Gespräch zu bringen. Der Kindergarten hat es normalerweise nicht nötig, sich einer derartig manipulierenden Kommunikation zu bedienen.

Der Kindergartenleiterin sei vielmehr eine weitestgehend offene und partnerschaftliche Kommunikation empfohlen, die sich vor allem eines Informationstiles bedient, bei **Allseitige Information** dem sich alle angesprochen und einbezogen sehen. Ich möchte, was das Quantum an Informationen von seiten der Leiterin betrifft, empfehlen, eher über mehr zu informieren – natürlich ohne die Diskretionsgrenze zu verletzen –, als zu wenig. Das ist im Endeffekt nicht vertane Zeit oder etwa ein Aufgeben der Autorität, sondern es führt dazu, daß das Kollegium sich ernstgenommen und einbezogen fühlt.

Muß es nicht auf „das Team" sonderbar wirken, wenn im Kindergarten die Leiterin die für alle gedachten Informationen erst einmal genau filtert und dann nur zum Teil an die Kolleginnen weitergibt, um sich einen Wissensvorsprung zu sichern? Dies kann sich beziehen auf Informationen des Trägers, von Behörden, Eltern. Es kann sich auch um Prospektmaterial allgemeiner Art oder Fachliteratur handeln.

Der hier besprochene Grundsatz des gemeinsamen Informationsstils bedeutet u. a. auch, daß nicht nur „von oben nach unten" informiert wird, sondern daß, z. B. im Kollegengespräch, jeder Informationen einbringen darf und soll. Ist z. B. eine Kollegin auf einer Fortbildung gewesen, dann sollte sie darüber informieren können. Außerdem über Erfahrungen mit Kindern und Eltern, über von ihr gefundene Zeitschriftenartikel, Bücher oder Arbeitsmaterialien, natürlich auch Anregungen und Wünsche.

Einem Kindergarten kann oft äußerlich angesehen werden, welchen Informations- und Kommunikationsstil die Leiterin praktiziert. Folgende Beispiele deuten eher auf einen partnerschaftlichen Informationsstil:

– Im Personalraum eines größeren Kindergartens hängt eine Informationstafel, die u. a. eine Rubrik „Wünsche und Anregungen" enthält.

- Die Leiterin führt einen Terminkalender für den Kindergarten, in dem Feste, Elternabende usw. eingetragen sind. Dieser Kalender ist allen Kolleginnen zugänglich.
- Zu Beginn jeder Dienstbesprechung berichtet die Leiterin über Gespräche, die sie im Zusammenhang von Außenkontakten hatte, z. B. mit dem Leiter der Schule, der Beratungsstelle, dem Trägervertreter oder dem Elterngremium.
- Im Protokoll eines Kindergartens liest man: „Frau Kollegin ... gab einen ausführlichen Bericht über ...“
- Ein fünfgruppiger Kindergarten hat einen umfassenden Informationsumlauf eingerichtet, den jede Kollegin abzeichnet.

Der hier vertretene Informationsstil soll also nicht nur „von oben nach unten" sein, sondern es soll – wo immer möglich – eine symmetrische Kommunikation verwirklicht werden. Das hat zur Folge, daß alle sich anerkannt und einbezogen sehen. Hat das aber nicht auch seine Grenzen, z. B. im Hinblick auf die Eltern? Betrifft das nicht doch stark die Rolle der Leiterin?

Hier ist auch die Frage berührt, wer welche Informationen an Eltern und Mitarbeiter geben soll bzw. geben darf. **Wer darf informieren?** Man wird dafür sprechen müssen, daß die Gruppenleiterin Informationen, die pädagogische Fragen im engeren Sinne betreffen, selbstverständlich an die Eltern gibt und mit ihnen bespricht. Informationen, die die Institution betreffen, soll aber die Gruppenleiterin immer über die Leiterin des Kindergartens laufen lassen. Für diese ist sie in erster Linie zuständig. Die Leiterin der Institution sollte in jedem Fall informiert werden über das, was bezüglich der Institution von einer Gruppenleiterin an Eltern und sonstige Außenstehende vermittelt wird. Bei der Frage der Information ist zu unterscheiden zwischen Informationen, die den inneren Bereich des Kindergartens betreffen, und solchen, die nach außen gehen sollen. Das betrifft die Solidarität aller Mitarbeiter gegenüber den Kolleginnen und dem Kindergarten. Es ist in diesem Zusammenhang auch zu erinnern an die dienstliche Verschwiegenheitspflicht jedes Mitarbeiters. Oft wird die Frage diskutiert, was soll und was darf der Praktikant sagen. Wichtig ist, dies mit dem Praktikanten abzuklären, und zwar vorher. Bei aller geforderten Zurückhaltung darf bei den Eltern jedoch nicht der Eindruck entstehen, als hätten sie es mit irgendeinem Amt zu tun, wo sich der Sachbearbeiter hinter der Verschwiegenheitspflicht verbirgt. Offenbar gibt es eine Reihe von Erfahrungsfällen, in denen in unkompetenter Weise Informationen, z. B. über „die Schulreife" oder „Sprachstörungen von Kindern", an Eltern gegeben worden sind. Die Eltern kommen dann verärgert und erregt zur Kindergartenleiterin und denken, ihr Kind müsse am nächsten Tag den „Sonderkindergarten für geistig Behinderte" besuchen.

2.10 Aspekt: Persönlichkeitsziel „Selbständigkeit"

● **Grundsatz:** Das Verhalten der Leiterin zielt im partnerschaftlichen Leitungsstil auf persönliche und berufliche Autonomie, nicht aber auf Abhängigkeit.

Autonomie heißt hier Selbständigkeit. Wenn wir uns vorstellen, wie eng die Zusammenarbeit im Kindergarten tatsächlich ist und daß es dabei stets um Entscheidungen und Bewertungen geht, dann wird deutlich, daß hier auch menschliche Beeinflussungen stattfinden. Eine junge Erzieherin wird mit Gewißheit von dem Team, in dem sie arbeitet, und besonders von der Leiterin, die sie eventuell über Jahre hinweg erlebt, in ihren Einstellungen und ihrer Arbeit nachhaltig beeinflußt. Die Leiterin kann sich nun

Eigenständigkeit statt Abhängigkeit

so verhalten, daß ihr ganzer Stil eher auf Selbständigkeit jeder Kollegin, und zwar in persönlicher wie auch in beruflicher Hinsicht, abzielt, oder aber eher auf Abhängigkeit. Für eine zur Selbständigkeit des Kindes führende Erziehung braucht aber jede Kollegin selbst auch ein gutes Maß an Selbständigkeit.

Dieser Grundsatz betrifft stark die mit den übrigen verbundene Zielsetzung, hat aber als Richtschnur auch in sich seinen Sinn. Bei einzelnen, eventuell diskutablen Verhaltensweisen der Leiterin kann sie sich selbst fragen, ob sie damit die Eigenständigkeit der Kollegin fördere oder nicht vielmehr verhindere. Die auf Autonomie der Kolleginnen bedachte Leiterin wird nicht nur auf eigene Privilegien möglichst verzichten, sondern sie wird allgemein darauf bedacht sein, den anderen genügend gelten und sich entfalten zu lassen und ihn nicht stets an der kurzen Leine zu führen, um ihn so abhängig zu halten.

Ob eine Leiterin im Kindergarten Autonomie oder Abhängigkeit der Mitarbeiter erreicht, zeigt sich oft an scheinbaren Äußerlichkeiten und zwar meist exemplarisch zugespitzt am Zugang zu Räumlichkeiten bzw. an der sog. Schlüsselgewalt.

– So ärgert es das Team, wenn die Leiterin allein die Schlüssel zu den Materialschränken oder zum Materialraum besitzt.
– In einem KIndergarten besitzt nur die Leitung einen Generalschlüssel, wobei es aber nach Dienstvorschrift, die in diesem Fall gar nicht im Sinne der Leitung ist, noch eine feine Stufung gibt: Die Vorpraktikantin kann mit ihrem Schlüssel nur eine einzige Tür, die Erzieher können drei und die Leitung kann alle Türen öffnen.
– In einem anderen Fall geht es um das Telefon. Es steht ursprünglich im Leiterzimmer und ist abgeschlossen. Wer telefonieren will, muß bei der Leiterin den Schlüssel holen. Auf Beratung hin wird das Telefon auf dem Flur untergebracht, und jeder trägt ein, ob er privat oder dienstlich telefoniert.

Schlüsselfrage

Auch in zahlreichen sonstigen Bereichen kann die Leiterin die Autonomie der Kolleginnen fördern oder verhindern, z. B., inwieweit jeder in der Ausgestaltung der Gruppenarbeit oder des Gruppenraumes die ihm zustehende Freiheit hat. Leitungsstil hat insofern sehr viel mit beruflicher Qualifizierung des gesamten Teams zu tun. Eine Leiterin kann diese durch ihr Verhalten fördern, aber auch hindern.

Das folgende Schema gibt einen Überblick über die einzelnen Gesichtspunkte. Es kann wahrscheinlich nach der Lektüre dieses Kapitels genauer verstanden werden. Wie bei dem Begriff „Stil" so ist auch bei diesem Schema Vorsicht geboten, da idealtypisch vorgegangen wird, d. h., es wird in einerseits nur autokratische und andererseits nur partnerschaftliche Verhaltensweisen eingeteilt. Das geschieht aus Gründen der Systematisierung und Verdeutlichung. Leitungsverhalten in der Wirklichkeit wird natürlich jeweils mehr oder weniger autokratische bzw. partnerschaftliche Züge aufweisen.

Schema zum Leitungsstil

Aspekte des Leitungsverhaltens – Leitungsstile

	autokratischer Leitungsstil	partnerschaftlicher Leitungsstil *
Aspekt 1: Art und Weise der Arbeitsregelung	Anordnung; durchaus auch gegen die Interessen der Mitarbeiter	
Aspekt 2: Umgang mit Interessen	Geringe Respektierung der Wünsche der Mitarbeiter	
Aspekt 3: Macht und Abhängigkeit	Häufige Äußerungen der Macht und Abhängigkeit.	
Aspekt 4: Reversibilität (Verhaltensumkehrbarkeit)	Irreversibles, d. h. nicht-umkehrbares Verhalten.	
Aspekt 5: Handlungsspielraum	Detaillistische Festlegung der Arbeitsaktivitäten der Mitarbeiter.	
Aspekt 6: Verständnis (Empathie)	Wenig Verständnis für die Belange der Mitarbeiter.	
Aspekt 7: Kontrolle	Häufige, sanktionierende Kontrollen werden für unverzichtbar gehalten	
Aspekt 8: Rechte	Rechte von Leiter und Mitarbeitern werden als grundsätzlich verschieden erachtet.	
Aspekt 9: Umgang mit Informationen	Informiert wird streng von oben nach unten.	
Aspekt 10: Persönlichkeitsziel „Selbständigkeit"	Leiter strebt Abhängigkeit der Mitarbeiter an.	

* Sie können sich hier die beschriebenen Grundsätze des partnerschaftlichen Verhaltens eintragen.

3 Plädoyer für partnerschaftliche Leitung

Wer für einen partnerschaftlichen Leitungsstil eintritt, sollte das Mißverständnis ausräumen, als handle es sich dabei um eine Art Laissez-faire-Verhalten oder einen antiautoritären Leitungsstil. In meinen Darlegungen müßte deutlich geworden sein, daß das nicht der Fall ist. Partnerschaftliches Leitungsverhalten ist eine persönliche Ausprägung von Leitung nach den Prinzipien, wie sie vorgestellt wurden. Aus mehreren Gründen ist die Leitung des Kindergartens allgemein nach einem anderen Verfahren heute gar nicht vorstellbar.

Kein Laissez-faire-Stil

Es wurde schon mehrfach auf die positiven Konsequenzen des partnerschaftlichen Leiterverhaltens hingewiesen:

Folgen von Partnerschaft

1. Die Zufriedenheit der Mitarbeiter ist größer, und ihre gesamte Gefühlslage besser.
2. Die Beziehung der Kolleginnen zur Leiterin ist erfreulicher.
3. Die Beziehung der Mitarbeiter untereinander ist besser, nicht zuletzt das Verhältnis zu den Kindern.
4. Das partnerschaftliche Leitungsverhalten ermöglicht eine Verbesserung der Kindergartenarbeit allgemein.

Alle Erfahrungen der vergangenen Jahre, aber auch die Vielzahl der wissenschaftlichen Untersuchungen über Leitungsverhalten aus anderen Arbeitsgebieten, sprechen für die Richtigkeit dieser Aussagen. Betrachten wir aber noch einmal kurz die Arbeit im Kindergarten selbst im Hinblick auf den Leitungsstil. Ist es denn denkbar, Teamarbeit bei einem autokratischen Leitungsverhalten zu praktizieren? Könnten die Erzieher partnerschaftlich mit den Kindern umgehen, wenn sie selbst von der Leitung autoritär behandelt werden? Denken wir weiter an den gesamten Bereich der Zusammenarbeit: Würden es sich Eltern auf Dauer gefallen lassen, von der Kindergartenleiterin diktatorisch behandelt zu werden? Oder die Schule, der Träger, die Gemeinde und die Öffentlichkeit? Wenn die Anforderungen im Rahmen der Zusammenarbeit berechtigt sind, dann kann mit ausreichender Logik daraus auch der Anspruch des partnerschaftlichen Leitungsstils gefolgert werden.

Partnerschaftliche Leitung ist unverzichtbar

4 Ist der richtige Leitungsstil erlernbar?

Was ist aber nun mit der Kindergartenleiterin, die nicht so partnerschaftlich ist, wie dies sein sollte? Die den Standpunkt hat: „Ich bin nun mal so, wie ich bin! Ich bin autoritär erzogen und kann leider aus meiner Haut nicht raus!" Solche Äußerungen klingen leicht nach Entschuldigung und Ausrede. Daß sich das Leitungsverhalten verbessern läßt, wissen wir aus vielen Fortbildungsseminaren. Ich möchte wenigstens einige Punkte nennen, die für jeden persönlich anregend sein könnten:

Praktische Anregungen

a) Reflexion und Lektüre: Die Frage an die eigene Person („Praktiziere ich den richtigen Leitungsstil?") und die vertiefende Lektüre dazu kann durchaus förderlich sein. Selbsterkenntnis ist der beste Weg.

b) Medieneinsatz: Es muß nicht gleich die Videoanlage sein, die über das eigene Leiterverhalten Aufschluß gibt, sondern Tonbandgerät oder Cassettenrecorder, bei der einen oder anderen Kommunikation mit Einverständnis der Beteiligten aufgestellt, können schon hilfreich sein.

c) Beratung: Das eigene Leiterverhalten kann förmlich beraten werden, z. B. mit der Fachberatung oder Kollegin, oder aber auch informell, z. B. im Gespräch mit Freunden.

d) Fortbildung: Die Frage des Leitungsstils wird in Seminaren zur Kindergartenleitung als zentrales Thema behandelt.

Das hier vertretene Konzept des partnerschaftlichen Leitungsstils ist umso eher realisierbar, je mehr die dafür erforderlichen Bedingungen vorliegen. Zentral ist aber die

Herzstück eigene Person: Die Leiterin als Herzstück der gesamten Einrichtung ist die wichtigste Bedingung. Natürlich wird es zu begrüßen sein, wenn auch die Einstellungen und Erwartungen bei Kolleginnen und Vorgesetzten von der Art sind, daß sie den partnerschaftlichen Leitungsstil erleichtern.

V. Konflikte im Kindergarten – wie geht die Leiterin damit um?

1. Ein Konfliktfall und dessen Analyse

Der folgende Fall zeigt, daß die Kindergartenleiterin es nicht nur mit Konflikten erzieherischer Art zu tun hat, sondern daß sich gerade im Umgang mit Erwachsenen Probleme ergeben können.

● **Putzen im Kindergarten**

Fall *Leiterin:* „Mensch, Du, ich bin so fertig, ich weiß überhaupt nicht mehr, wie ich das der Frau Meier beibringen kann mit dem Putzen. Guck Dir mal an, wie schmutzig das schon wieder ist. Die hat die Spinnweben nicht weggemacht. Das habe ich ihr schon tausendmal erzählt; sie kommt nur einmal die Woche, und ich möchte, daß sie mehrmals kommt. Da geht sie gar nicht drauf ein. Der Träger hilft mir nicht. Ich weiß wirklich nicht mehr, was ich machen soll."

Kollegin: „Ja, weißt Du, ich finde, daß Du die Leiterin bist, und daß Du als Leiterin da mal ganz massiv eingreifen solltest. Du mußt den Kindergarten nach außen hin vertreten, und ich finde, das könntest Du eigentlich nicht mehr zulassen, daß die hier so putzt."

Leiterin: „Na ja, das habe ich ja auch schon mit den Elternvertretern besprochen, weil der Träger mir nicht hilft, und die meinen das ja eigentlich auch. Aber weißt Du, die ist zwanzig Jahre älter als ich, und das ist für mich unheimlich schwer. Und ich wollte ja auch nie so werden, daß ich da irgendwo Befehle von oben herab gebe. Und ich denke mir, die ist jetzt schon so lange hier im Kindergarten – die muß wissen, wie man putzt, wie man das richtig macht. Ich hab' wirklich unheimlich Angst vor der; aber ich muß ihr mal was sagen."

Mutter: „Guten Tag, ich möchte meinen Thomas abholen. Was höre ich: geht's schon wieder um das gleiche Thema – noch immer nichts geändert?"

Leiterin: „Nein, ich weiß wirklich nicht mehr, was ich machen soll, ich muß wahrscheinlich jetzt mal rigoros eingreifen."

Mutter: „Ja, da muß bestimmt was unternommen werden! Es muß ja alles sauber und hygienisch sein in einem Kindergarten; und Sie wissen, die Eltern stehen hinter Ihnen – wir helfen Ihnen."

Leiterin: „Ah, da kommt Frau Meier ja gerade. – Frau Meier, könnte ich vielleicht mal kurz mit Ihnen sprechen?"

Frau Meier: „Ja, ja, ich hab' Zeit, ich komme."

Leiterin: „Frau Meier, ich glaube, daß Sie mit der Zeit nicht zurechtkommen, daß Ihnen zu wenig Zeit zum Putzen bleibt."

Frau Meier: „Nun mal ganz langsam! So geht das ja nicht! Ich bin hier, und ich hab' meine Zeit, und in dieser Zeit mach' ich das, soweit ich das kann, hundertprozentig und zu aller Leute Zufriedenheit."

Leiterin: „Ja, Frau Meier, gucken Sie mal, hier sind fünfundzwanzig Kinder. Und der Waschraum wird von Ihnen nur einmal die Woche geputzt. Sie werden aber pauschal bezahlt und müßten eigentlich 20 Stunden in unserem Kindergarten sein – lassen Sie mich bitte mal ausreden –, und Sie kriegen ja nun die zwanzig Stunden auch bezahlt, verbringen hier aber nur acht Stunden im Monat. Das haben Sie sich sicher auch schon mal ausgerechnet. Da fehlen also zwölf Stunden ..."

Frau Meier: „Wenn ich hier das ganze Palaver machen soll – ich soll die Waschräume putzen, ich soll die Gruppenräume putzen, und ich hab' die ganze Außenanlage ganz alleine zu machen. Da möchte ich nicht wissen, wie Sie in acht Stunden das alles machen wollen. Und wenn Ihnen meine Arbeit im übrigen nicht paßt, dann kündige ich."

Leiterin: „Ja, wenn Ihnen das hier zuviel wird, dann wär's wohl wirklich besser, Sie würden kündigen ..."

Der vorliegende Fall weist einige Problemaspekte auf, die auch in anderen Konflikten oft eine Rolle spielen:

- Führungsstil: „... ich weiß nicht, wie ich das der Frau Meier bei-bringen kann ... keine Befehle von oben herab." **Problemaspekte**
- Altersunterschied: „... sie ist 20 Jahre älter als ich ... das ist für mich schwer ... Ich habe wirklich Angst."
- Ordnungsfragen: „... wie schmutzig das schon wieder ist ... Spinnweben ..."
- Elternbeteiligung: „... die Elternvertreter meinen das eigentlich auch ..."
- Trägerbeziehung: „... der Träger hilft mir nicht ..."
- Team und kollegiale Stabilisierung: „... Du, ich bin so fertig ... ich weiß nicht mehr, was ich machen soll ..."
- Kommunikation: „... lassen Sie mich ... ausreden ..." „... wenn Ihnen meine Arbeit nicht paßt, dann kündige ich ..." (Drohung)

Die Problemaspekte müssen selbstverständlich nicht immer zum Konflikt führen. Der zentrale Punkt ist hier, daß die Putzfrau glaubt, den ganzen Kindergarten durch ein einmaliges Putzen pro Woche sauber halten zu können. Vermutlich hätte die Leiterin das Problem viel früher anfassen sollen, bevor es zum Konfliktfall wurde.

Die Konfliktfälle in der Kindergartenleitung sind sehr unterschiedlich, und es soll hier nicht der Eindruck entstehen, als gäbe es in jedem Kindergarten nur Zank und Streit. Allerdings darf aus der Art der Arbeit und der Aufgabe des Kindergartens insgesamt geschlossen werden, daß es überall auch einmal zu Problemen kommt und, je nachdem, wie diese geregelt werden, auch zu Konflikten. Je nach Schweregrad und Betroffenheit wird man sich im

Alltag unterschiedlicher sprachlicher Ausdrücke bedienen, wie z. B.:

Sonstige Begriffe

– Es hat Differenzen gegeben.
– Wir hatten eine Meinungsverschiedenheit.
– Es gab schon länger Spannungen.
– Sie haben Streit gehabt.
– Den ständigen Kampf kann ich nicht mehr mitmachen.
– Der tägliche Kleinkrieg ging mir so auf die Nerven.
– Auch diese Krise werden wir überstehen.
– Hoffentlich gibt es nicht wieder Unstimmigkeiten.
– Es hat eine Auseinandersetzung gegeben.
– Wir haben viele Probleme und Schwierigkeiten.

Alle diese Aussagen können sich auf das beziehen, was mit „Konflikt" gemeint ist, Je nachdem, um was es geht, und je nach der Absicht des Sprechers wird ein anderer Ausdruck gewählt. Vielleicht auch deshalb, weil der Betreffende den Vorgang gar nicht für einen echten Konflikt hält, sondern etwa nur für ein Mißverständnis, oder auch deshalb, weil er eine Sache nicht aufbauschen möchte. Die o.g. Auflistung der Aussagen über das, was ein Konflikt sein kann, macht deutlich, daß der Mensch grundsätzlich eher nach Harmonie streben möchte, denn alle Begriffe („Spannung", „Streit", „Krise" usw.) sind im alltäglichen Verständnis mehr oder weniger negativ besetzt: Sie bezeichnen etwas, woran wir uns nicht gerne erinnern.

2. Konflikte können unterschiedlich gesehen werden

Der Konflikt gehört zum Alltag der Kindergartenleitung, so wie er überhaupt aus dem Leben des Menschen nicht wegzudenken ist. Die Frage ist nur: Wie gehe ich damit

Standpunkt

um? Wichtig ist vor allem, welchen Standpunkt jemand zum Konflikt generell hat; denn dementsprechend wird es ihm schwer oder leicht fallen, ihn für sich und andere Betroffene zu lösen. „Konflikte sind etwas ganz Natürliches, und man muß sie nutzen, um die Arbeit des Kindergartens zu verbessern. Ja, sie sind sogar das geeignete Mittel dazu", so könnte der eine Standpunkt umschrieben werden. „Konflikte sind soweit wie möglich zu vermeiden; denn sie stören zumindest für eine Zeitlang die Harmonie in unserem Arbeitsteam", so lautet ein anderer, wie mir scheint, weit verbreiteter Standpunkt. Konflikte haben, und dies sei hier besonders hervorgehoben, sicherlich in der Regel mehrere Aspekte – allerdings nicht nur und, je nach Umgang damit, nicht in erster Linie negative.

Wir kennen das Sprichwort: „Der Streit erneuert die Liebe." Es will doch besagen, daß Liebende unter anderem auch streiten – also Konflikte haben – und daß sie nach dem Streit einander besser verstehen als vorher. Allerdings, weil sie einander lieben. Offenbar ist die Liebe die Voraussetzung dafür, daß nach der Weisheit des Sprichwortes aus dem Streit Gewinn gezogen werden kann. Die Realität wird aber von Sprichwörtern meist nur verkürzt beschrieben. Gewiß hat es jeder schon einmal erlebt, daß „Parteien", die miteinander gestritten haben, sich nach dem Streit umso mehr mochten. Ist das aber die Regel? Überwiegt nicht vielmehr das Gegenteil? Gibt es nicht viel häufiger die andere Konsequenz: Menschen mögen einander nicht mehr, nachdem sie einen Konflikt miteinander hatten? Der eine schaut weg, wenn er dem anderen begegnet. „Er kehrt ihm den Rücken zu." „Er läßt kein gutes Haar mehr an ihm", wenn von ihm irgendwo die Rede ist.

Streit kann die Liebe erneuern

Das Sprichwort „der Streit erneuert die Liebe" will aber die Chance, die im Konflikt liegt, betonen, nämlich daß es anschließend besser gehen kann. Je nach Bedingungen der Konfliktpartner und je nach Art und Weise der Konfliktregelung wird man dem Konflikt positive Momente abgewinnen können, und es wird sich eine Verbesserung der Situation ergeben.

Es geht um die Frage, welchen Zweck wir mit dieser oder jener Regelung eines Konfliktfalles erreichen und welchen Weg wir dementsprechend einzuschlagen haben. Damit ist auch die Annahme verbunden, daß Konflikte handhabbar sind; sie können gesteuert und beeinflußt werden. Und alles dies gilt auch für den Konfliktfall in der Leitung des Kindergartens. Daß es hier Konflikte gibt, braucht man erfahrenen Kindergartenleiterinnen nicht zu sagen. Sie erleben sie und leiden teils erheblich darunter.

Konflikte sind handhabbar

3. Welche Konflikte gibt es in der Kindergartenleitung?

Bei genauerer Analyse sieht man, daß die Kindergartenleitung es mit zwei Arten von Konflikten zu tun hat: Wir können unterscheiden zwischen interpersonalen und intrapersonalen Konflikten. Ein interpersonaler Konflikt spielt sich ab zwischen Personen. Ein intrapersonaler Konflikt spielt sich ab innerhalb einer Person. Ein interpersonaler Konflikt liegt z. B. dann vor, wenn die Leiterin meint, das Sommerfest im Kindergarten sei noch nicht gründlich genug vorbereitet, und vorschlägt, man möge sich noch eine Stunde zusammensetzen und alles noch einmal durchgehen, während die Mitarbeiter sagen, es sei gründlich genug vorbereitet und man könne nach Hause gehen. Im selben Zusammenhang kann sich für die Leiterin aber ein intrapersonaler Konflikt ergeben, bei dem sie nicht recht weiß, ob sie auf die Mitarbeiter hören soll oder ob sie anordnen soll, man müsse noch gründlichere Vorbereitungen treffen. Hier wird u. a. auch deutlich, wie eine einzige Situation zu mehreren Konflikten führen kann. Es soll nun noch etwas näher auf einzelne Merkmale des Konfliktes eingegangen werden.

Das lateinische Wort „inter" bedeutet zwischen.

Das lateinische Wort „intra" heißt innerhalb.

Merkmale des Konfliktes

Bei jedem Konflikt, so können wir sagen, finden wir mindestens zwei Instanzen, oder wir können auch sagen zwei „Parteien", vor („Parteien" ist hier aber im übertragenen Sinne gemeint). Dabei kann es sich handeln um einzelne oder aber um Gruppen. (Selbstverständlich auch um Gesellschaften oder Staaten, wie wir aus kriegerischen Auseinandersetzungen wissen.) Den Konfliktpartnern geht es immer um etwas, an dem ihr Interesse hängt. Sie haben ein Ziel, das mit dem Ziel des anderen zunächst unvereinbar erscheint, und dieses Ziel wollen sie realisiert wissen. Von dem Ziel her, also dem, um das es eigentlich geht, und von den Personen her gesehen, kann bei jedem Konflikt gefragt werden: „Was" und „wer" stehen gegen „was" und „wen"? Dieser Frage muß auch die Kindergartenleitung gründlich nachgehen, wenn sie in einen Konfliktfall Klarheit bringen möchte. Noch ein weiteres ist für die Kindergartenleiterin wichtig. Sie darf nicht davon ausgehen, daß es nur den sichtbaren oder klar zutage getretenen Konflikt gibt. Nein, viele Konflikte treten zunächst und eine Zeitlang gar nicht an die Oberfläche. „Es brodelt im Verborgenen", wie man zu sagen pflegt. Von solchen Konflikten sagen wir auch, daß sie „unterschwellig" vorhanden seien. Es ist also zu unterscheiden zwischen dem akuten, d. h. dem offen zutage getretenen **Akute und latente Konflikte** Konflikt, und dem latenten, d. h. dem im Verborgenen schwelenden Konflikt. Jedem ist bekannt, daß ein latenter Konflikt um so schwerwiegender werden kann, je nachdem, wie lange er unbearbeitet bleibt. Die qualifizierte Kindergartenleiterin wird daher nicht nur in der Lage sein, mit den akuten Konflikten ihres Alltags umzugehen, sondern sie hat auch einen aufmerksamen Blick für latente Konflikte, die möglicherweise im Team vorhanden sind oder aber auch bei einem Teil der Eltern, die eventuell mit bestimmten Dingen des Kindergartens unzufrieden sind.

Die folgende Auflistung will darüber informieren, welche Konfliktanlässe es im Kindergarten für die Leiterin gibt oder geben kann und welche Instanzen dabei betroffen sind.

● Leitung und Trägerschaft: **Träger**
– Der Trägervertreter ist mit der von den Eltern und Erziehern gewünschten Veränderung der Öffnungszeiten nicht einverstanden. Es kommt zu einer heftigen Auseinandersetzung, bei der er erwartet, daß die Leiterin sich loyal verhält.
– Die Leiterin wünscht bei einer Stellenbesetzung für die Gruppenleitung eine andere Entscheidung als der Träger. Sie glaubt, daß die von ihr gewünschte neue Kollegin besser in das Team passe.
– Von ihren Kolleginnen wird die Leiterin aufgefordert, Stellung zu beziehen; denn der Träger hat für sie alle das Stundendeputat erheblich unter das Übliche herabgesetzt, um so die Finanzsituation des Kindergartens zu verbessern.
– Es geht um die Sommerferien im Kindergarten. Sollen sie zwei oder drei Wochen dauern? Eine Elternumfrage ergibt den eindeutigen Wunsch für drei Wochen. „Das kommt nicht in Frage!", sagt der für den Kindergarten zuständige Herr aus der Verwaltung.
Zwischen Leiterin und Träger ergibt sich von da an ein gespanntes Verhältnis.
– Die Leiterin setzt sich gegenüber dem Träger zur Wehr, als der für die Finanzverwaltung zuständige Beamte von ihr erwartet, daß sie Verwaltungsarbeiten durchführt, die mit dem Kindergarten nichts zu tun haben. Sie sei zwar freigestellte Leiterin, wird von ihr betont, deshalb aber nicht für alles zuständig.

Eltern

● Leitung und Elternschaft:
- Die Leiterin ist erbost darüber, daß der Vorsitzende des Elterngremiums mit ihr keine Absprache getroffen hat, als er in einem Schreiben an die Elternschaft die Adressen und Telefonnummern der gewählten Elternvertreter mitteilte. Er hatte diese vorher jedoch von der Leiterin erhalten.
- Zwischen einer Mutter und der Kindergartenleiterin kommt es zum Streit, weil die Mutter „ohne Genehmigung" der Leiterin einen Zettel ausgehängt hatte, auf dem die Eltern zum Abholen der Fotos von der Nikolausfeier gebeten wurden.
- Am Kindergarten ist eine neue Bepflanzung vorgesehen. Die Leiterin macht es einem Elternvertreter zum Vorwurf, daß er seine Kompetenz überschritten habe, indem er bei verschiedenen Baumschulen vorstellig geworden sei. Von ihm wird betont, er habe lediglich – aus Gründen der Hilfe für den Kindergarten – die Preise vergleichen wollen.
- Die Leiterin gerät in einen schweren Konfliktfall mit einer Mutter: Sie meldete ihr Kind zwei Wochen vor dem Sommerfest vom Kindergarten ab. Die Gruppenerzieherin lädt aber das Kind persönlich zum Sommerfest ein, was die Leiterin ihr sehr übelnimmt. Die Leiterin schließt das Kind, das zum Fest gekommen ist, von den Spielen aus.
- Einige Eltern fühlen sich falsch behandelt und legen Beschwerde bei der Leiterin ein. Diese glaubt aber, eine gute Idee gehabt zu haben: Mit ihrem Team fertigte sie ein riesiges Puzzle, und jedes Kind bekam ein Teil mit nach Hause, das von den Eltern zum Elternabend mitgebracht werden sollte. Den Eltern ging das zu weit. Sie waren verärgert.

Kollegen

● Leitung und Kollegium:
- Ob sie nicht doch einmal ein ernstes Wort mit einer Kollegin sprechen soll, die von den übrigen Teammitgliedern heimlich schon stets als „die faule Schlange" tituliert wird, das fragt sich seit langem die Leiterin.
- In einem Kindergarten findet ein regelmäßiger Personalwechsel statt – außer der Leiterin, die bleibt. Mit ihren übertriebenen Vorstellungen von Sauberkeit und Ordnung kann sich keine Kollegin länger abfinden.
- Wo soll die Werkbank stehen? Die Kolleginnen glauben in der Halle des Kindergartens, die Leiterin dagegen im Abstellraum. Das setzt sie auch durch und behält sich selbst den Schlüssel dazu vor.
- Eine Kollegin öffnet das für „den Kindergarten" angekommene Paket mit Materialien für alle Gruppen und entnimmt ihren Anteil. Pakete zu öffnen stehe nur ihr zu, wirft ihr die Leiterin vor und ruft die Fachberatung an.
- Außer der Leiterin glauben alle Kolleginnen, daß es besser sei, den allgemeinen Elternabend in der Gastwirtschaft durchzuführen. Sie will aber nicht nachgeben. Zwischen ihr und dem Team entstehen Spannungen.
- In einem größeren Kindergarten hat die Leiterin es immer noch nicht geschafft, das private Telefonieren der Kolleginnen zu kon-

trollieren. Sie lassen sich während der Dienstzeit anrufen und führen vom Kindergarten aus Privatgespräche.
- Rauchen als permanenter Konfliktanlaß: Zwei Drittel des Teams eines großen Kindergartens besteht aus „Rauchern", die kein Einsehen mit einer kranken Kollegin haben, von der bekannt ist, daß sie den Rauch wirklich nicht vertragen kann. Die Leiterin weiß nicht, auf wessen Seite sie sich stellen soll.

● Leitung und Hilfspersonal: **Hilfspersonal**
- Die Putzfrau läßt demonstrativ den übervollen Papierkorb stehen, an dem sie einen Zettel hinterläßt: „Den Dreck könnt ihr selber wegmachen!" Die Leiterin telefoniert mit ihr.

● Leitung und Fachschule: **Fachschule**
- Die Lehrerin der Fachschule hat seit langem den Eindruck, daß der Kindergarten, mit dem man im Rahmen des Praktikums zusammenarbeitet, eine „veraltete Didaktik macht". Die Leiterin fühlt sich angegriffen und in Frage gestellt. Es kommt zu einer heftigen Auseinandersetzung.

Bei allen hier genannten Fällen lagen sehr komplexe Verquickungen zwischen den einzelnen beteiligten Instanzen und Personen vor. Jede Situation hat ihre eigenen Merkmale. Es kann deshalb auch hier gar nicht, gleichsam vom grünen Tisch aus, versucht werden, Lösungen oder Regelungen als „richtig" oder „falsch" zu betrachten. Vielmehr wollte ich verdeutlichen, daß jeder Problem- oder Konfliktfall, der sich für den Kindergarten ergibt, mehr oder weniger immer auch die Leiterin betrifft und insofern – für sie – zum Konfliktfall wird oder werden kann.

4. Konfliktregelungsmuster

Bei der Frage, wohin ein Konflikt führt, was dabei gleichsam „rauskommt", können sehr unterschiedliche Ebenen unterschieden werden. Nicht jeder Konflikt wird ja zufriedenstellend gelöst, was nicht zuletzt auch für den Kindergarten und seine Leitung gilt. Statt von der „Lösung" eines Konfliktes spreche ich lieber von der „Regelung". **Drei Arten von Konfliktregelung** Der Begriff „Konfliktregelung" ist dann auch für die Fälle zutreffend, wo es nicht zu einer Lösung im umfassenden Sinne gekommen ist. Ich möchte bei einer groben Einteilung drei Arten der Konfliktregelung voneinander unterscheiden, nämlich

● die Beherrscherregelung
● die Kompromißregelung und
● die Integrationsregelung.

Der andere wird beherrscht

a) Die Beherrscherregelung. – Gemeint ist bei diesem Regelungsverfahren, daß einer den anderen „beherrscht". Es gibt dabei Sieger und Besiegte, um es in der Kampfessprache auszudrücken. Als Beispiel kann man sich hier vorstellen, daß in einem Konfliktfalle die Leiterin dafür sorgt, daß eine Mitarbeiterin des Kindergartens aufgrund irgendwelcher Vorfälle entlassen wird. Ein Fall von Beherrschungsregelung liegt aber auch vor, wenn Eltern mit der Leiterin „nicht klarkommen" und ihr das Leben so schwer machen, daß sie schließlich selbst kündigt. Von dem Muster der Beherrschungsregelung können wir auch dann sprechen, wenn im Streitfall eine Kollegin der anderen aus dem Wege geht und damit gleichsam das Feld räumt, was im Kindergarten wegen der räumlichen Nähe und interpersonellen Dichte, wie sie die Art der Arbeit mit sich bringt, auf Dauer kaum möglich ist.

Etwas wird aufgegeben

b) Die Kompromißregelung. – Hier ist es so, daß jeder von seiner ursprünglichen Position, von seinen ursprünglichen Ansprüchen oder Zielsetzungen etwas aufgibt. Man begnügt sich wohl oder übel mit einem geringeren Resultat als dem ursprünglich erhofften. Die Konfliktpartner bleiben aber – und das ist das Entscheidende bei diesem Konfliktregelungsmuster – bei ihrer alten Auffassung und vorherigen Überzeugung. Es kommt zu einem modus vivendi, wie wir auch sagen, d. h.: Man richtet sich halt aufeinander ein, ohne aber von seiner festen Meinung abzugehen.

Ein Beispiel sei aus einem Kindergarten berichtet, dessen Leiterin „gegen Vorschulmappen" ist. Sie hat die Überzeugung, daß sie auch ohne die Mappe eine gute Arbeit machen kann. Ganz anders aber die Eltern. Sie wünschen, daß mit ihren Kindern „Vorschulerziehung gemacht wird", und das heißt für sie regelmäßige Arbeit mit der Vorschulmappe. Die Kindergartenleiterin schafft es trotz aller fachlichen Argumentation nicht, die leistungsbeflissenen Eltern zu überzeugen, und beschließt daraufhin, mit den älteren Kindern wenigstens zweimal in der Woche jeweils eine Stunde „Vorschulerziehung" (sprich: Arbeit an der Mappe) durchzuführen. Ansonsten, so die Leiterin, wäre ihr eine Zusammenarbeit mit den Eltern nicht mehr möglich gewesen. Beide Seiten aber, Leiterin und Eltern, bleiben bei ihren alten Überzeugungen. In einem solchen Fall kann fast schon von einem „faulen Kompromiß" gesprochen werden.

c) Die Integrationsregelung. – Das ist die höchste und beste, wenn auch noch nicht die häufigste Stufe der Konfliktregelung. Hier ist es so, daß nach dem Konfliktfall insgesamt eine bessere Situation entstanden ist, als man sie vorher hatte. Alle Betroffenen sind nicht nur mit der Regelung zufrieden, sondern sehen auch, daß sie in ihrer Situation weitergekommen sind, und zwar durch den Konflikt und dessen Regelung. In einem solchen Fall könnten wir auch von einer Konfliktlösung im echten und umfassenden Sinne sprechen. Für den Kindergartenbereich scheint mir dies nicht nur ein erstrebenswertes, sondern auch in zahlreichen Konfliktfällen durchaus realisierbares Modell zu sein.

Nachher geht es besser als vorher

Nehmen wir z. B. den Kindergarten, in dem es noch keine regelmäßigen Arbeitsbesprechungen gibt. Eine Mitarbeiterin besucht eine Fortbildungsveranstaltung zum Thema „Teamarbeit". Sie kommt zurück und kritisiert die Leiterin, weil sie keine regelmäßigen Teamsitzungen durchführt. Diese hält das aber nicht für nötig, weil sie ja zu jeder Mitarbeiterin immer sage, welche Arbeit für sie anstehe und wann sie zu tun sei. Auch die übrigen Mitarbeiter wünschen die regelmäßigen Arbeitsbesprechungen, nicht aber die Leiterin. Es kommt zum Konflikt. Drei Monate später aber ist man so weit: Auch die Leiterin hat eingesehen, daß das regelmäßige Teamgespräch eine Grundvoraussetzung guter Arbeit ist. Auch sie ist jetzt der Überzeugung, daß die regelmäßigen Teamsitzungen erforderlich sind. Alle Beteiligten glauben, in ihrer gesamten Arbeit ein erhebliches Stück weitergekommen zu sein. Tatsächlich ist in dem Kindergarten ein wesentlich besseres Arbeitsklima als zuvor. Der Konflikt scheint sich gelohnt zu haben.

Um diese Stufe der Konfliktregelung zu erlangen, also die echte Lösung, bedarf es aber vor allem des behutsamen und fachlichen Vorgehens durch die Leitung. Die Integrationsregelung wird von allen als weiterführend empfunden. Sie verdeutlicht, daß Konflikte durchaus positiv zu bewerten sind, weil sich dabei für die Betroffenen selbst und ihre Arbeit ganz neue Aspekte ergeben können.

5. Die sogenannten Kleinigkeiten des Alltags

Es könnte hier lange darüber theoretisiert werden, was überhaupt und allgemein ein Konflikt ist und was nicht. Allerdings muß dies den Praktiker im sozialpädagogischen Alltag gar nicht so sehr interessieren. Natürlich spielt bei dieser Frage eine wichtige Rolle, wie die einzelnen Beteiligten zur Sache stehen; welche Bedeutung sie für sie hat und inwieweit es sie betroffen macht. Ein der Sache nach ziemlich gleicher Vorfall kann für die eine Kollegin gleichsam „eine Kleinigkeit" sein und sich rasch erledigen lassen, während es für die andere „enorm wichtig" ist und sich zum Konflikt entwickelt. So kann es auch in den Dingen gehen, die man – von außen, also mehr objektiv und unbeteiligt, betrachtet – als „Kleinigkeiten" bezeichnen würde. Diese machen aber oft den Leitungsalltag schwierig und stellen nicht selten gerade die reflektierende Leiterin vor die Frage nach dem „richtigen" Verhalten. Nehmen wir einen Vorgang aus der Praxis:

Fallbeispiel *Wo soll die Tombola stehen?* – Seit einigen Monaten hat der Kindergarten eine neue Leiterin. Bei der Planung und Vorbereitung des Sommerfestes geht es um die Frage, wo die Tombola stehen soll. Eine Kollegin meint, sie müßte – genau wie im letzten Jahr – bei den übrigen Ständen im Flur stehen. Die Leiterin dagegen hält es für besser, die Tombola im Büro unterzubringen. Das sei hell und geräumig; vor allem aber wegen der kleinen Kinder. Man könne auch noch einen Schreibtisch vor die Tür stellen. Die Kollegin betont aber immer wieder, daß die Tombola letztes Jahr im Flur gestanden habe und wie gut dabei alles gegangen sei. „Das ist kein Argument!", macht ihr die Leiterin klar. Man konnte sich nicht einigen bis zum Tag des Sommerfestes, an dem die Leiterin sagte: „Also, machen wir die Tombola im Büro." Ihr selbst war dabei aber nicht ganz wohl. Die Eltern fanden es gut so, während die Kollegin immer noch darauf verwies, daß es letztes Jahr anders gewesen sei. Schließlich gibt sie aber nach und sagt: „Dann machen wir es eben, wie der Boß es will."
Bald kommt in demselben Kindergarten das Erntedankfest. Die Leiterin hat die Idee, daß man es in der Kirche feiern könnte. Damit findet sie aber wieder nicht die Zustimmung der betreffenden Kollegin. Wieder verweist diese auf die Vergangenheit: Das Erntedankfest sei immer im Kindergarten gewesen. Schließlich erklärt sich die Leiterin einverstanden, das Erntedankfest im Kindergarten zu feiern. Darauf die Kollegin: „Dann sind wir ja quitt." Bei beiden blieb ein ungutes Gefühl zurück.

Ich finde, daß dieser Fall sehr informativ ist. Es kann hier nicht darüber befunden werden, was die wahren Gründe des Verhaltens bei den einzelnen Personen sind. Daß eine „neue Leiterin" nicht gleich alles anders machen soll, gilt gemeinhin als ein altbewährtes Prinzip, mögen auch die neuen Besen noch so gut fegen – wollen. Derartige „Kleinigkeiten", wo z. B. die Tombola stehen soll, bestimmen oft den Alltag des Kindergartens und der Leitung. Natürlich spielen sie auch im sonstigen Leben oft eine wichtige Rolle. Die Frage ist, wie die vernünftige Leiterin sich verhalten soll, wenn es um diese Kleinigkeiten geht. Im Kindergarten wird leider hierfür oft sehr viel kostbare Zeit verwendet. Immer zutreffende Ratschläge und Tips können dafür nicht gegeben werden. Vielleicht sind aber ein paar Überlegungen hilfreich, die in solchen Fällen angestellt werden können. So ist z. B. zu fragen:

- Gibt es für die Regelung einer Situation sachliche und fachliche Gründe, die den Ausschlag geben können und sollten? (In vielen Fällen ist das nicht so. Die moderne Theorie der Kindergartenpädagogik gibt keine Auskunft darüber, „wo die Tombola stehen soll".) **Sach- und Fachgründe**

- Liegen keine überzeugenden Sachgründe vor, nach denen zu verfahren ist, und kann eine Situation eigentlich „so oder so" entschieden und gehandhabt werden, dann kann die Leiterin wohl durchaus sagen: „Ach, jetzt machen wir's doch so", wobei sie sich nach der eigenen Vorstellung richtet. Das sollte für sie aber nicht alleiniges und dauerndes Prinzip sein; denn sie ist zwar verantwortliche Leiterin, aber zugleich auch Teammitglied. **Leiterin**

- Ist in einer Situation, die bei einigermaßen gleich einleuchtenden Argumenten „so oder so" geregelt werden kann, eine Mehrheit im Team für eine bestimmte Vorgehensweise, dann wird die Leiterin nicht einen anderen Weg durchsetzen wollen – „weil sie die Leiterin ist". Das ist meistens wirklich kein wirksames Argument. **Mehrheit**

- Es gibt aber bei der Regelung von „Kleinigkeiten des Alltags" noch einen anderen zu berücksichtigenden Aspekt, nämlich die Frage: Wie wichtig ist die Sache einem bestimmten Teammitglied? Wenn ich als Leiterin sehe, daß es zum einen keine zwingenden Sach- und Fachargumente gibt und daß zum anderen von den übrigen Beteiligten keine Regelung besonders bevorzugt wird, dann sollte ich demjenigen den Vorzug geben können, dem seine Idee besonders wichtig ist. Das Team und die Leitung werden dann also dem Vorschlag eines einzelnen folgen können. Allerdings darf das nicht dauernd dieselbe Kollegin sein, die sich eventuell aus gruppendynamischen Gründen ständig in den **Bedeutung für jemand**

Vordergrund drängt. Die Leiterin muß also hier an den Grundsatz der Gleichbehandlung denken.

Abstimmen?

- In manchen Gremien wird selbst bei der Entscheidung über „Kleinigkeiten des Alltags" abgestimmt, und zwar förmlich durch Handzeichen usw. Man glaubt, darin ein besonders demokratisches Vorgehen zu sehen. Jedes Team und jede Leiterin muß selbst wissen, ob es nötig ist, über eine Sache förmlich abstimmen zu sollen. In vielen Fällen ist dies schon deshalb nicht nötig, weil sich eine Meinungstendenz des Teams auch anders deutlich zeigt. Oft würde es, von der Sache her betrachtet, geradezu lächerlich wirken, förmlich abzustimmen. Allerdings ist wichtig, daß jedes Team seine ihm gemäße Vorgehensweise findet, bei der niemand unterdrückt wird und jeder zu seinem Recht kommt. Nur muß auch an den rechten Umgang mit der Zeit dabei gedacht werden; denn niemand möchte wohl mit „Kleinigkeiten" die Zeit vertun, die dann für die Bearbeitung von wesentlichen Dingen fehlt. Eine gute Regelung von Kleinigkeiten ergibt sich am ehesten dann, wenn jeder versucht, kein Kleinigkeitskrämer zu sein.

6. Zusammenfassende Anregungen für die Konfliktregelung

Bei zahlreichen Konflikten haben wir es mit sehr komplexen Vorgängen zu tun, und die Dinge sind in der Wirklichkeit oft vielschichtiger, als es hier gezeigt werden kann. Jede Konfliktsituation kann sich anders gestalten, je nachdem, wie die Personenkonstellation in einer Gruppe ist. Deswegen muß man auch vorsichtig sein mit irgendwelchen „Rezepten", die dann schließlich nicht halten können, was sie versprechen. Dennoch scheinen mir einige zusammenfassende Hinweise für den Umgang mit dem Konfliktfall durchaus hilfreich zu sein.

Für den Umgang mit dem Konfliktfall

1. *Zufriedenheit aller suchen.* – Konflikte sollten mit Unterstützung der Kindergartenleitung so gehandhabt werden, daß sich möglichst alle Betroffenen mit der Regelung einverstanden erklären können. Auch wenn das nicht in

jedem Fall bei noch so großem Bemühen der Leiterin erreicht wird, ist das Streben danach dennoch lohnend.

2. *Die richtigen Worte verwenden.* – Je nachdem, wie über eine Sache gesprochen wird, kann sie eine ganz andere Gestalt bekommen. Bei der Thematisierung eines Konfliktes sollte eine ruhige und sachliche Sprache, ja sogar eher Untertreibung als Übertreibung in der Wortwahl Vorrang haben. Durch heftige Worte kann alles noch schlimmer werden.

3. *Genügend Rationalität.* – Auch sich selbst soll die Leiterin genügend beobachten und dabei erkennen, ob sie vielleicht mehr sich und ihre Idee durchsetzen will und dabei die Sache aus dem Auge verliert.

4. *Gruppendynamik und Gleichbehandlung.* – Im Team sind die Beziehungen, wie in jeder Gruppe, unterschiedlich und auch wechselnd. Konflikte dürfen nicht zugunsten einer Mitarbeiterin entschieden werden, weil diese einem am sympathischsten ist.

5. *Auch mal entscheiden können.* – In seltenen Fällen, wo keine zufriedenstellende Regelung durch die Betroffenen zustande kommt, muß auch die partnerschaftliche Leiterin entscheiden können, allerdings erst nach einer gründlichen Situationsanalyse.

6. *Möglichst keine Besiegten.* – In der guten Konfliktregelung soll es nach Möglichkeit nicht den Unterlegenen und den Sieger geben, der dann auch noch dem anderen wie ein Triumphator begegnet. Darauf kann die Leiterin in vielen Fällen einwirken, indem sie z. B. die eine Kollegin „bremst" und die andere ermuntert. Alle tragen mit die Verantwortung für Arbeitsmotivation und Atmosphäre.

7. *Alle sind zu hören.* – Im Konfliktgespräch müssen alle Standpunkte, Einwände und Gesichtspunkte gesammelt und erörtert werden. Die Leiterin darf sie nicht nur formal anhören, sondern es ist auch herauszufinden, was wirklich die Beweggründe der Betroffenen sind.

8. *Der Umgang mit „Kleinigkeiten".* – Nicht alles kann sachlich und fachlich begründet entschieden werden. In solchen Fällen muß gefragt werden, wem etwas besonders

wichtig ist. Seine Regelung kann dann durchaus den Vorrang erhalten. Mehrheitsentscheidungen müssen sich nicht immer durchsetzen. Die „Kleinigkeit" muß dann nicht zum Konflikt führen.

9. *Methodisch richtig verfahren.* – Nicht nur die rationale Situationsanalyse und ruhige Gesprächsführung durch die Leiterin sind zum Konfliktgespräch wichtig, sondern auch die richtige Methode. So kann man z. B. für viele Fälle das Brainstorming-Verfahren empfehlen, um herauszufinden, welche Regelung es geben könnte.

10. *Die Macht nicht ausnutzen.* – Trotz ihrer Einbindung in das Team hat die Leiterin andererseits auch eine gewisse Macht. Das verpflichtet umso mehr, die eventuell betroffene Kollegin im Konfliktfall in ihrer Person gelten zu lassen. Nur dann darf auch die Leiterin eine entsprechende Behandlung erwarten, wenn in einer anderen Konfliktsituation, z. B. mit Träger oder Eltern, sie selbst als „Schwächere" betroffen ist.

Konflikt- und Friedensbereitschaft

Die Anregungen, so denke ich, können hilfreich sein. Dennoch sei nochmals hervorgehoben: Jede Konfliktsituation wird von ihren eigenen Elementen geprägt und je nach Personenbeteiligung unterschiedlich sein. Ein bestimmtes Maß an Konfliktbereitschaft ist von jedem Mitarbeiter im Kindergarten zu erwarten und natürlich nicht zuletzt von der Leiterin. Ich möchte an dieser Stelle keine Anweisungen geben, wie jeder Konflikt vermieden werden kann. Allerdings wollen alle Informationen mit dazu dienen, nicht gerade Konflikte zu schüren: Leben und Arbeiten im Kindergarten sollen für alle harmonisch sein. Ein gutes Konfliktverhalten der Leiterin ist auch darin zu sehen, daß sie auf Konfliktvermeidung hinarbeitet. Wichtige Voraussetzungen für ein erträgliches Maß an Konflikten und den für alle – nicht zuletzt die Kinder – wichtigen Frieden im Kindergarten sind u. a. regelmäßige Gespräche (nicht nur in der Teamarbeit) und ein partnerschaftlicher Leitungsstil. Die kluge Leiterin wird nicht den Konflikt suchen, wo er nicht ist. Tritt er aber auf, wird sie ihn rechtzeitig zu erkennen und kollegial zu regeln versuchen.

VI. Praxisanleitung im Kindergarten und die Aufgabe der Leiterin

Praxisbeispiel

In einem Kindergarten arbeitet eine Halbjahrespraktikantin. Ihr angestrebtes Berufsziel ist Kinderkrankenschwester. An der Arbeit im Kindergarten hat sie kein allzu großes Interesse, da es sich für sie – wie sie sagt – nur um eine „vorübergehende Sache" handelt. Sie legt weitgehend ein passives Verhalten an den Tag, ja zeitweise demonstriert sie sogar deutliches Desinteresse. Das führt dazu, daß die anderen Mitarbeiter der Einrichtung durch das geringe Engagement negativ beeinflußt werden.

Daß es sich hier um eine unerwünschte und ungünstige Situation handelt, muß nicht betont werden. Sie zu ändern und eine Verbesserung herbeizuführen, ist Aufgabe der Praxisanleitung.

1. Paxisanleitung als Supervision

Begriffe

Für die Realität, um die es in der Praxisanleitung des Kindergartens geht, hat man in der Terminologie der Sozialpädagogik eine Reihe von Begriffen zur Verfügung. Neben dem wohl am häufigsten verwendeten Begriff „Praxisanleitung" finden wir auch die Verwendung von: Praxisberatung, Praxisbetreuung, Supervision, Praxisbesprechung. Aus der Sozialarbeit (socialwork), dem anderen geschichtlichen Strang der heutigen Sozialpädagogik, dessen Ursprünge vor allem in den Vereinigten Staaten zu suchen sind, kennen wir das Verfahren der Supervision. Diese wird verstanden als „Praxisanleitung", wenn es sich um eine Person handelt, die für ihre Arbeit noch nicht voll verantwortlich ist, und als „Praxisberatung", wenn der Zu-Beratende für seine Tätigkeit allein und ganz verantwortlich ist.

Supervision

als Praxisanleitung   als Praxisberatung
(bei Praktikanten)   (bei Praktikern)

Wenn nun im Kindergarten von Praxisanleitung gesprochen wird, dann meint man meistens die Betreuung von Vorpraktikanten, Berufspraktikanten oder Blockpraktikanten. Der Vorpraktikant ist jemand, der noch gar keine Ausbildung für eine Arbeit im Kindergarten hat; der Berufspraktikant hat die theoretische Ausbildung abgeschlossen und befindet sich nun im sogenannten Anerkennungsjahr, das, förmlich gesehen, aber zur Ausbildung gehört; auch der Blockpraktikant befindet sich noch in Ausbildung und absolviert ein mehrwöchiges oder mehrmonatiges, zusammenhängendes Praktikum.

2. Die vielen Praktikanten

Aber nicht nur die verschiedenen Arten von Praktika, die im Kindergarten absolviert werden und der Betreuung bedürfen, bestimmen den hohen Anspruch an die Praxisanleitung, sondern auch die unterschiedliche Voraussetzungen in der Gruppe der Praktikanten. Da müssen neben den Vorpraktikanten, die noch gar keine Ausbildung haben, die Absolventen der Fachschulen betreut werden. Außerdem findet man aber auch Studierende der Fachhochschulen und der wissenschaftlichen Hochschulen (Pädagogische Hochschule und Universität) als Praktikanten im Kindergarten, besonders wenn sie als Studienrichtung Sozialpädagogik, also u. a. das Arbeitsfeld Kindergarten, gewählt haben. Praktika in sozialpädagogischen Einrichtungen gehören dann verpflichtend zu ihrem Studium. Außerdem gibt es auch hier und da den Fall, daß ein Studierender der Psychologie oder Soziologie oder ein Lehrerstudent zum Zwecke der Praxiserfahrung ein Praktikum im Kindergarten absolvieren möchte. Allen diesen Personen wird der gute Kindergarten mit Wohlwollen und Offenheit begegnen; denn abgesehen davon, daß die meisten auf eine Praxisstelle angewiesen sind, um ihr Studium erfolgreich zu absolvieren, können sie für den einzelnen Kindergarten anregend und bereichernd sowie der Kleinkind- und Vorschulpädagogik insgesamt durchaus förderlich sein. Sie alle aber bedürfen während ihres Praktikums einer qualifizierten Betreuung, und das kann für den einzelnen Kindergarten sehr aufwendig werden.

Praktikanten können anregend und bereichernd sein

3. Anlässe und Ziele der Praxisanleitung

Anlaß der Praxisanleitung überhaupt ist zunächst das berufliche Defizit, das der Berufsinteressent hat: Er „kann" noch nicht alles und kann dies auch noch nicht können. Bei manchen, die in den Beruf eintreten möchten, finden sich nun aber neben dem normalen Defizit als Anfänger noch besondere Unzulänglichkeiten, wie sie z. B. Kindergartenleiterinnen beklagen:

Was Leiterinnen beklagen

„Wenn eine Praktikantin sich einer primitiven Sprache bedient" – „wenn sie sich in der Gruppe falsch verhält" – „wenn ein Praktikant vor Wut auf ein Kind mit dem Fuß auf den Boden stampft" – „wenn jemand seine Aufsichtspflicht verletzt" – „wenn die eigene Pflege zu wünschen übrig läßt" – „wenn gegen die pädagogische Konzeption des Kindergartens gearbeitet wird" – „wenn jemand sich nicht an die Ordnung hält" – „wenn Anweisungen nicht befolgt werden".

Der größte Teil der Praxisanleitung wird sich aber auf die berufliche Tätigkeit im Kindergarten als solche beziehen, also auf die Aktivitäts- und Beschäftigungsangebote, wie sie sich im Rahmen der Bewegungserziehung, Sprachförderung, des Freispiels usw. ergeben. Die konkrete Anleitung bei den Angeboten selbst sowie das gezielte Gespräch über den Verlauf sind in der Hauptsache als Inhalte der Praxisanleitung zu betrachten.

Für die Aufgabenstellung und Zielsetzung der Praxisanleitung sehe ich im wesentlichen zwei Aspekte: 1. Die Integration von Wissen und Können und 2. Die Stabilisierung der Persönlichkeit.

1. Die Integration von Wissen und Können. – „Wer das Gute weiß, der wird es auch tun", so sagten manche Denker in der Antike über den Menschen. Sie mußten sich allerdings bis auf den heutigen Tag eines Besseren belehren lassen. Für den Erzieher und sein Handeln gilt dies genauso. Eine umfassende Wissensvermittlung ist für jede Ausbildung gewiß von grundlegender Bedeutung, doch führt diese Komponente von Aus- und Fortbildung allein keineswegs zu einer ausreichenden Qualifikation: Die Einübung des erforderlichen Könnens ist für die Bewältigung der beruflichen Kindergartenarbeit ebenso grundlegend. Beide Komponenten – Wissen und (!) Können – miteinander zu verbinden, das ist das Ziel und die Auf-

Wissen verbindet sich mit Können

gabe von Supervision und Praxisanleitung. Was gemeint ist, kann durch die folgenden Beispiele genauer verdeutlicht werden.

- Wer über einen partnerschaftlichen Erziehungsstil Bescheid „weiß" – dessen Ziele, Prinzipien, Bedingungen, Wirkungen usw. –, der muß deshalb noch keineswegs in der Lage sein, diesen auch zu verwirklichen.
- Wer Kenntnisse besitzt über den Situationsansatz in der Kindergartendidaktik, bei dem ist noch nicht gewährleistet, daß er diesen auch realisieren kann.

Fälle

Das gleiche gilt für zahlreiche andere Elemente der Aus- und Fortbildung, sei es in der Zusammenarbeit mit den Eltern oder den Lehrern der Grundschule, sei es in der Zusammenarbeit mit der Gemeinde oder sonstigen Instanzen, mit denen es der Kindergarten zu tun hat. Immer ist für die Verwirklichung von qualifizierter Arbeit die Integration, also eine wesensmäßige Verbindung, des angeeigneten Wissens und des persönlichen Könnens erforderlich.

Je nach der Ausbildungsphase, in der sich der Auszubildende befindet, ist in der Praxisanleitung natürlich auch die Vermittlung von neuem Wissen erforderlich und nicht allein die Integration von bereits vorhandenem Wissen und dem erforderlichen Können.

2. Die Stabilisierung der Persönlichkeit. – Die sozialpädagogische Arbeit hat es in weiten Teilen mit dem menschlichen Defizit zu tun: Not, Leid, Elend und die erforderliche Hilfe sind zentrale Punkte. Dies gilt zu einem großen Teil auch für die Arbeit im Kindergarten, z. B. bei der Arbeit mit sogenannten Problemkindern oder mit Eltern, die es besonders schwer haben. Viele Arbeiten im Kindergarten führen deshalb von ihrer Natur her bei dem, der sie verrichtet, nicht selten zu Frustrationen, Empfindungen von Resignation und Sinnlosigkeit. Dies kann vor allem für den Berufspraktiker am Anfang seiner Arbeit zutreffen. Vorstellbar ist z. B., daß der Praktikant den Eindruck hat, das von ihm vorbereitete und durchgeführte Aktivitätsangebot sei „vollends danebengegangen" und er sei wohl überhaupt nicht tauglich für diesen Beruf; oder eventuell noch die beklemmenden Gefühle, wie sie vor dem und während des Elternabends vorhanden sind. Erfolgt in solchen Fällen nicht eine qualifizierte Hilfe, so

Gegen die Resignation

kann dies zu Rückzug und Ausstieg führen. Aufgabe der Praxisanleitung ist es demnach, in solchen Fällen für eine ausreichende Stabilisierung der Persönlichkeit des betroffenen Praktikanten Sorge zu tragen. In manchen Fällen wird auch zu klären sein, ob die betreffende Person nicht tatsächlich für den sozialpädagogischen Beruf als ungeeignet angesehen werden muß.

4. Schwierigkeiten in der Praxisanleitung

Nicht selten wird von erfahrenen Praktikern des Kindergartens auch über Schwierigkeiten geklagt, die sich im Zusammenhang mit der Praxisanleitung ergeben. Auf die Frage nach besonderen Schwierigkeiten wurde von Kindergartenleiterinnen folgendes genannt:

Praxisprobleme

- „Oft hat ein Praxisanleiter selbst nicht das nötige Wissen und die erforderliche Kommunikationsfähigkeit."
- „Bei manchen Praktikanten ist deutlich ein Desinteresse zu spüren."
- „Mitunter wollen sie gar keine Praxisanleitung."
- „Viele verlassen sich zu sehr auf die Anleitung und zeigen zu wenig eigene Initiative."
- „Eine sehr labile und zu sensible Persönlichkeit kann hinderlich sein."
- „Antipathien und die unterschiedlichen Charaktere spielen eine Rolle."
- „Vorgefertigte Meinungen, festgefahrene Methoden, persönliche Abneigungen und kaum vorhandenes Berufsethos sind besondere Schwierigkeiten."
- „Schwer ist es, in der Beratung immer die richtige Wortwahl zu finden."
- „Die Diskrepanz zwischen den Erwartungen auf beiden Seiten."
- „Manchmal gehen die Emotionen durch, und die eigentliche Sache geht verloren."
- „Theorie und Praxis klaffen oft weit, ja zu weit, auseinander."
- „Oftmals fehlt einfach die Zeit."
- „Durch die Fachschulen erfahren wir nicht immer die nötige Unterstützung."
- „Oft wissen wir nicht, ob und in welchem Umfange Praxisanleitung nötig ist."
- „Ich fühle mich manchmal überfordert, wenn ich Praxisanleitung erteilen soll."
- „Die Ausbildungsstätten vermitteln unterschiedliche didaktische Ansätze."
- „Praktikanten glauben manchmal alles besser zu wissen als die Erzieher mit ihrer Erfahrung."

Selbstverständlich dürften die hier genannten Schwierigkeiten bei den einzelnen Einrichtungen in unterschiedlichem Ausmaß und unterschiedlichem Gewicht vorhanden sein, und natürlich gibt es auch zahlreiche Fälle von positiver und erfreulicher Erfahrung mit der Praxisanleitung.

5. Welche Arten von Supervision gibt es?

Etwas abstrakt, aber doch zutreffend, möchte ich im Anschluß an diese Darlegungen für die Praxisanleitung folgende Definition vorschlagen: Es handelt sich a) um die regelmäßige Kommunikation, b) bei welcher ein Erfahrener einem nicht so Erfahrenen c) im Rahmen fachlicher Vorstellungen von der Arbeit (hier: Kindergartenarbeit) d) unter bestimmten gegebenen Bedingungen und e) mit bestimmten Inhalten und Methoden f) in der Absicht der Veränderung oder Bestätigung g) zu selbständiger Arbeit verhelfen möchte.

Definition

Vgl. dazu auch N. Huppertz, Supervision, Neuwied und Darmstadt 1975, S. 10.

Dies könnte nun so verstanden werden, als gäbe es die Praxisanleitung nur im Einzelgespräch. Das ist aber nicht so. Aus dem Beratungsmodell der Supervision in der Sozialarbeit sind uns heute die folgenden Formen bekannt:

a) *Einzelsupervision:* Ein Erfahrener betreut einen weniger Erfahrenen, und zwar in Praxisanleitung oder aber auch Praxisberatung.

b) *Gruppensupervision:* Ein Erfahrener betreut eine Gruppe von weniger Erfahrenen, sei es in Praxisanleitung oder in Praxisberatung.

c) *Kollegiale Supervision:* Erfahrene Kollegen betreuen andere erfahrene Kollegen, ohne förmliche Herausstellung eines einzelnen.

d) *Institutionenberatung:* Die gesamte Einrichtung wird von einem Erfahrenen oder einem Team von außen her betreut.

e) *Konsultation:* Es wird einmalig eine Beratung durch einen Experten für die betreffende Frage eingeholt.

Formen der Supervision

Für die Kindergartenarbeit können unter Umständen alle genannten Formen in jeweils modifizierter Weise nützlich sein: Die Formen von Einzel- und Gruppensupervision finden wir z. B. in der Praxisanleitung realisiert – oder wenigstens Elemente davon. Kollegiale Supervision findet im Kindergarten mehr funktional, d. h. spontan bzw. nebenbei statt. Institutionenberatung im eigentlichen Sinne treffen wir im Kindergarten weniger an – es sei denn, man **Fachberatung** sieht in dem für den Kindergarten zuständigen Fachberater des Trägerverbandes eine Art Institutionenberater. Vom Selbstverständnis der Fachberater her wäre dies durchaus möglich.

Ob die Praxisanleitung als Einzel- oder Gruppengespräch stattfindet, wird von den Erfordernissen und Möglichkeiten des jeweiligen Falles abhängig sein. Zu bedenken ist auch, welche Voraussetzungen bei den Personen vorhanden sein müssen, die für die Praxisanleitung als geeignet angesehen werden können. Wenn wir in Betracht ziehen, daß in der Praxisanleitung die Funktionen des Lehrens, Beratens und des Beurteilens zu realisieren sind und daß es um die oben genannten Zielsetzungen geht, dann läßt **Voraussetzungen** sich von daher in etwa ableiten, welche Voraussetzungen erfüllt sein sollten. Da der Praktikant lernen soll, die pädagogische Arbeit des Kindergartens selbständig zu verwirklichen, bedarf es des kreativen und spontanen „Lehrers" von seiten des Praxisanleiters, der gleichsam als lebendiges Lernmodell fungiert. Für die Erfüllung der Beratungsfunktion sind besonders die Ansprüche an die Kommunikationsfähigkeit zu sehen, die sich ergeben. Unvoreingenommenheit und fachliche Fundierung der eigenen Berufsqualifikation sind Voraussetzungen, um einen anderen beurteilen zu können.

6. Die Rolle der Kindergartenleiterin in der Praxisanleitung

Bei der Frage nach den Voraussetzungen von qualifizierter Kindergartenarbeit habe ich schon oft erwähnt, welch große Bedeutung dem Personal und insbesondere der Leitung zukommt. Dies nicht, um der Leiterin allein die Verantwortung anzulasten und damit ihre anspruchsvolle Rolle noch schwieriger zu machen, sondern weil ich davon ausgehe, daß sie tatsächlich im Kindergarten der zentrale Faktor ist, durch den gute Kindergartenarbeit ermöglicht, aber auch verhindert werden kann. Zwar muß die Sorge um eine engagierte Arbeit des Kindergartens und das entsprechend positive Bild bei Eltern und Öffentlichkeit vom gesamten Personalteam getragen werden; die Verantwortung dafür, daß dies so geschieht, und manchmal auch die sogenannte Letztverantwortung, trägt aber, wie schon mehrmals aufgezeigt, die Leiterin. Sie ist das Herzstück der Einrichtung. Das gilt schließlich auch für ihre Aufgabe in der Praxisanleitung. Was hat sie dabei zu tun?

Bei der Reflexion dieser Frage ergeben sich unter anderem die folgenden Möglichkeiten: **Aufgaben**

1. Zunächst müßte die Leiterin nachdenken über die Situation der Praxisanleitung und der Praxisberatung in der von ihr geleiteten Einrichtung. Auf dem Hintergrund der oben genannten Ziele und Aufgaben wird sie zu einem eher positiven oder eher negativen Bild für ihren Kindergarten kommen.
2. Das Thema „Praxisanleitung und Praxisberatung in unserem Kindergarten" sollte in regelmäßigen Zeitabständen ein Tagesordnungspunkt der Arbeitsbesprechungen bzw. Teamsitzungen im Kindergarten sein.
3. Als Aufgabe der Leiterin ist es auch anzusehen, daß sie die Arbeit in ihrer Einrichtung mit wachen Augen sieht und dabei beobachtet, wo Praxisanleitung oder Praxisberatung in besonderer Weise erforderlich ist.
4. Eine weitere Möglichkeit und Aufgabe der Leiterin ist es, die Mitarbeiter für die Durchführung der Praxisanleitung zu ermuntern. Damit würde sie ihre Aktivierungsfunktion wahrnehmen.
5. Schließlich sollte die Leiterin auch sich selbst zur Praxisanleitung anbieten.
6. Die Leiterin müßte sich in jedem Fall informieren lassen und vergewissern, daß die Praxisanleitung gut organisiert ist, sei es nun, daß sie von jemand aus der eigenen Einrichtung oder von der jeweiligen Ausbildungsstätte des Praktikanten durchgeführt wird.

7. Anmerkungen zu einem Konzept für Praxisanleitung

In jedem Kindergarten sollte ein – wenn auch nicht sehr umfassendes, so doch die wichtigsten Punkte bedenkendes – Konzept für die Praxisanleitung vorliegen.

Praxisimpulse Folgende Fragen können unter anderem zu der Erstellung hilfreich sein:

1. Wer führt die Praxisanleitung für wen durch?
2. Welche Ziele sind dabei zu verfolgen und welche Inhalte ergeben sich demgemäß? (Grenzen einhalten: Praxisanleitung ist keine Erziehung und auch keine Therapie.)
3. In welchen Abständen und in welchem Zeitumfang sollen die Praxisanleitungsgespräche stattfinden, z. B. einmal wöchentlich o. ä.?
4. Wo sollen die Gespräche stattfinden und welcher Hilfsmittel kann man sich bedienen, z. B. schriftliche Unterlagen, Tonbandaufnahmen über durchgeführte Angebote usw.?
5. Es ist auch abzuklären, wieviel und welche Praktikanten tragbar sind.
6. Mit jedem Praktikanten müssen vor seiner Aufnahme Gespräche geführt und die gegenseitigen Erwartungen geklärt werden.

Mehr förmliche Organisation Was die Verwirklichung einer qualifizierten, fachlich fundierten Praxisanleitung und Praxisberatung in den Kindergärten anbetrifft, so ist eine Einschätzung sehr schwierig, da es an empirisch gewonnenem, informativem Material mangelt. Es dürfte aber so sein, daß – um es so auszudrücken – gewiß allerhand an Praxisanleitung geschieht, daß es oftmals jedoch an der förmlichen Organisation und der fachlichen Durchdringung hapert. Um dies zu vermeiden, bedarf es eines Konzeptes. Praxisanleitung kann nicht nur gleichsam „nebenher" geleistet werden. Vielleicht könnte dies auch mancherorts zu einer erfreulicheren Sichtweise des Praktikanten und seiner Rolle führen: Ein Praktikant muß keineswegs als unvermeidbares Übel betrachtet werden, sondern kann auch eine brauchbare Hilfe sein. Welche Sichtweise im Kindergarten vorherrscht, liegt weitgehend in der Hand der Leiterin.

8. Ein interessanter Brief an Vorpraktikanten

Den im folgenden abgedruckten Brief überreicht eine Kindergartenleiterin regelmäßig ihren Vorpraktikanten.

„Liebes Fräulein ...

Sie sind zu uns in den Kindergarten gekommen, um sich zur Vorbereitung auf Ihre spätere Ausbildung praktische und theoretische Kenntnisse zu erwerben. Gerne erklären wir uns bereit, Sie ins Praktikum aufzunehmen. Wir möchten Ihnen behilflich sein und Sie an unserer Erfahrung teilnehmen lassen. Doch auch von Ihrem Interesse hängt es wesentlich ab, wieviel Sie im Kindergarten für Ihren zukünftigen Beruf gewinnen können.

Da Sie am Anfang stehen, sind Sie zwar mitverantwortlich, tragen aber allein nicht die Verantwortung. Allerdings ist Ihre Tätigkeit mit Kindern und Eltern sehr wichtig, und man wird auf Sie sehen. Insofern prägen Sie auch das Bild des Kindergartens mit. Wir hätten gerne, wenn Sie dieses auch so sähen.

Weil uns an einem guten Gelingen Ihres Praktikums sehr gelegen ist, möchten wir einige Punkte schriftlich festhalten.

- Kinder sind ernstzunehmende Partner, die ihrem Alter und ihrer Persönlichkeit entsprechend behandelt werden müssen.
- Ihre Arbeit bei uns erfordert Diskretion und Verschwiegenheit.
- Persönliche Auskünfte über die Kinder dürfen ausschließlich von der Leiterin oder von der Erzieherin, die für die Gruppe verantwortlich ist, gegeben werden.
- Kinder orientieren sich am Vorbild der Erwachsenen. Deshalb ist es wichtig, daß wir als Erzieher unsere Vorbildwirkung auf die Kinder immer wieder neu überprüfen.
- Das Sprichwort sagt: „Halte Ordnung, und die Ordnung wird dich erhalten!" Auch eine gute Kindergartenarbeit erfordert Ordnung und eine gute Organisation.
- Die Arbeitszeit in unserem Kindergarten ist vormittags von ... Uhr bis ..., nachmittags von ... bis ... Wir finden uns etwa 5 Minuten vorher im Gruppenraum ein.
- Von Außenstehenden wird es kritisiert und als Pflichtverletzung empfunden, wenn wir als Erwachsene neben den Kindern beisammenstehen und lange Gespräche führen. Deshalb soll nur Notwendiges kurz besprochen werden. Für berufliche Probleme finden regelmäßige Teamgespräche statt.
- Wenn Sie wegen Krankheit nicht kommen können, bitten wir Sie, dies umgehend beim Kindergarten zu melden.
- Bei Fragen, die Sie bewegen, wenden Sie sich bitte an Ihre Gruppenleiterin bzw. Praxisanleiterin oder an die Leiterin des Kindergartens.

Für Ihren Anfang wünschen wir Ihnen alles Gute und hoffen, daß Sie von diesem einjährigen Berufspraktikum (Vorpraktikum) viele Erfahrungen für Ihren späteren Beruf gewinnen.

Abklärung der Erwartungen

Vielleicht wird jemand darüber streiten wollen, ob ein solcher Brief richtig und nötig ist. Nicht uneinig aber dürfte man sich sein, daß darin wichtige Punkte angesprochen sind und daß eine Basis der Abklärung der Erwartungen gesucht wurde. Eine Praktikantin weiß bei einem solchen Vorgesetzten besser, „wo sie dran ist", als wenn ihr vorher nur vage Sätze oder gar nichts mitgeteilt wird. Dieses Verfahren ist fairer, als wenn der Praktikantin bei fehlender oder mangelnder Abklärung im nachhinein angekreidet wird, was sie alles falsch gemacht habe.

VII. Die Leitung des Kindergartens und die Zusammenarbeit mit den Eltern

Bestätigung durch Eltern

Daß es ohne die Zusammenarbeit mit den Eltern im Kindergarten nicht geht, weiß jeder. Ja, es gäbe den Kindergarten gar nicht, wären die Eltern nicht. Dem Erzieher ist bekannt, wie interessant und schön die Zusammenarbeit mit Eltern sein kann; wieviel Bestätigung der eigenen Arbeit z. B. in den Gesprächen mit den Eltern erfahren werden kann. Allerdings weiß auch jeder, wie schwierig, ja manchmal sogar leidvoll der Umgang mit Eltern sich gestaltet. Wenn etwas nicht stimmt im Kindergarten, denken Eltern oft erst an die Leiterin – der sie „es sagen", vielleicht sogar „geben" wollen.

Gerne verweise ich an dieser Stelle auf mein Buch „Elternarbeit vom Kindergarten aus" (Herderbücherei), das seit Jahren von Tausenden von Erziehern benutzt wird. Siehe auch: Christine Merz, Im Kontakt mit Eltern. Ratschläge für die Elternarbeit. Freiburg ²1985.

Vertiefendes müßte in den veröffentlichten Büchern nachgelesen werden.

Die Leiterin ist mehr oder weniger auf ein gutes Verhältnis zu den Eltern angewiesen. Deshalb ist es ratsam, daß sie sich intensiv mit den Formen und Methoden der Elternarbeit befaßt. Keineswegs muß eine Leiterin in der Elternarbeit alles wissen und alles können oder gar alles tun. Das gilt hier in gleicher Weise wie in anderen Gebieten. Aber es darf an sie der Anspruch gestellt werden, daß sie sich bemüht und daß sie hinreichend informiert ist, und zwar in den pädagogischen wie in den rechtlichen Fragen der Elternarbeit. Einige grundsätzliche Informationen werden im folgenden gegeben; danach gehe ich auf die speziellen Aufgaben der Leiterin in der Elternarbeit ein.

1. Weshalb Elternarbeit im Kindergarten?

Elternarbeit gehört dazu

Die Zusammenarbeit mit den Eltern können wir definieren als Kommunikation und Kooperation der Facherzieher im Kindergarten mit den Eltern der Kindergartenkinder. Sie gehört deshalb zur unverzichtbaren Aufgabe des Kindergartens, weil es das Wohlergehen des Kindes erfordert. Wenn ein Kind den Kindergarten besucht und dieser in wichtigen Dingen mit dem Elternhaus nicht harmoniert, ist es möglich, daß es dem Kind nicht gutgeht – jedenfalls schlechter, als wenn Übereinstimmung und Sympathie zwischen den Erziehungspartnern besteht. Stellen wir uns vor:

– Der Kindergarten will, daß das Kind sich im Konfliktfall sprachlich verständigt – im Elternhaus lernt dasselbe Kind eventuell das Gegenteil.

– Im Kindergarten möchte man religiöse Inhalte und Einstellungen vermitteln – die Eltern äußern sich eventuell negativ darüber dem Kind gegenüber.
– Der Kindergarten möchte die Kinder zur Wertschätzung aller Menschen, auch der Schwachen und Benachteiligten, führen – Eltern sprechen eventuell in der Familie ständig negativ über Randgruppen, z. B. Behinderte oder Ausländer.

Die Beispielsliste solcher Fälle von divergierender, also auseinanderstrebender oder widersprüchlicher Erziehung, ließe sich fast beliebig fortsetzen. Wir können die Argumente für die Elternarbeit so zusammenfassen:

Vgl. Huppertz, Elternarbeit vom Kindergarten aus, S. 22 ff.

• Durch Elternarbeit besteht die Möglichkeit, divergierende Erziehung und dadurch für das Kind unerträgliche Konflikte zu vermeiden.

• Der Kindergarten muß in der Elternarbeit seine Arbeit und Konzeption vorstellen. Erst so kann eine gute Beziehung zwischen Erziehern und Eltern entstehen, und erst dann können die Eltern das Gefühl haben: In diesem Kindergarten ist unser Kind gut aufgehoben.

• Elternarbeit führt damit nicht zuletzt zu einer Integration der Eltern überhaupt, z. B., wenn Mütter sonst wenig aus dem Haus kommen und keinen Austausch haben. Der Kindergarten kann so in vielen Fällen den kommunikativen Anschluß an die Gemeinde bieten – eine wichtige Funktion des Kindergartens, der sich als gemeinwesenorientierte Institution mit der besonderen Aufgabe der Kindererziehung verstehen sollte.

• Elternarbeit wird damit auch zum Ort der Beratung; sie bietet die Möglichkeit der Beratung von und durch Eltern: Die Erzieher können und sollen die Eltern beraten – und die Eltern können und sollen die Erzieher beraten. Jeder kann den anderen informieren, und jeder sollte gegenüber dem anderen lernbereit sein. Auch der klügste und noch so gebildete Mensch lernt nie aus.

• Der Kindergarten ist aber auch auf die Mitarbeit der Eltern angewiesen. Denken wir nur an die Feste und Feiern, Reparatur- und Instandsetzungsarbeiten im Kindergarten, Hilfe beim Turnen, Krankenvertretung im Notfall usw.

• Nicht zuletzt denke ich an die Mitsprache der Eltern, also die Elternvertretung. In fast allen Kindergärten gibt es gewählte Elterngremien, welche die Interessen der Elternschaft beim Kindergarten, wenn es nötig ist, auch „gegenüber" dem Kindergarten, wahrzunehmen haben – möglichst immer in gutem und konstruktivem Geist. Dieser hängt aber wesentlich von der Einstellung der Erzieher, besonders der Leiterin, gegenüber den Eltern ab. Wer mit Eltern nicht entgegenkommend umgeht und nicht auf sie hört, darf sich nicht wundern, wenn diese es umgekehrt auch nicht tun. Mag dies einerseits eine pädagogische Selbstverständlichkeit sein, so gehen andererseits auch die Kindergartengesetze alle davon aus, daß Eltern und Erzieher gegenseitig aufeinander hören und ihre Wünsche beachten.

Noch eine wichtige Anmerkung zur Rolle der Eltern in der Elternarbeit: Wenn ich von Elternarbeit spreche, so meine ich stets die Zusammenarbeit „mit" den Eltern, **Mit den, nicht an den Eltern** nicht aber eine Arbeit „an" den Eltern. Drängen Sie die **arbeiten** Eltern also nicht in eine Objekt- oder Konsumentenrolle. Eltern und Erzieher sind Partner, und einen Partner bestimmt und erzieht man nicht, was nicht ausschließt, daß Partner sich beeinflussen – allerdings in Liebe und Sympathie. So ernst wie Sie vom Kindergarten aus die Eltern nehmen, so ernst werden schließlich Sie selbst von diesem genommen.

2. Die Aufgabe der Leiterin in der Elternarbeit

Die Elternarbeit und deren Durchführung ist selbstverständlich die Pflicht einer jeden Kollegin im Kindergarten und nicht allein oder in erster Linie der Leiterin. In einem Team fühlt sich jeder mitverantwortlich. Dennoch, so meine ich, fallen der Leiterin auch hier besondere Aufgaben zu. Ich möchte anregend einige nennen – allerdings in dem Bewußtsein, daß es auch andere geben kann.

1. Die Qualitätsfrage. – Prüfen Sie, welche Qualität die Zusammenarbeit mit den Eltern in ihrem Kindergarten tatsächlich hat. Dazu gehört die Frage, was die Leiterin an Elternarbeit selbst tut und was die einzelnen Kolleginnen tun. Z. B.: Welche Formen werden verwirklicht und mit welchem Erfolg? Wie ist die Annahme der Angebote von seiten der Eltern zu bewerten? Gibt es positive oder negative Rückmeldungen? Wie ist der Zufriedenheitsgrad der Eltern mit dem Kindergarten? Usw. Über solche und ähnliche Fragen, die man sich an Hand von Literatur oder eines Fortbildungskurses zur Elternarbeit leicht zusammenstellen kann, wird die engagierte Leiterin für sich selbst oft genug nachdenken.

2. Thematisierung im Team. – Die Frage nach dem „Stand der Elternarbeit in unserem Kindergarten" gehört auch regelmäßig in das Teamgespräch der Arbeitssitzungen, mindestens bei der Planung der Elternarbeit für das Jahr und bei einigen Sitzungen zwischendurch. Ich meine nicht nur die Frage, wie dieser oder jener Elternabend verlaufen ist, sondern wie es generell mit der Zusammenarbeit mit den Eltern bestellt ist. Für die Behandlung dieser Frage im Teamgespräch stellt die Leiterin am besten die etwa 30 Formen der Elternarbeit auf einem Zettel zusammen, und dann diskutiert man in der Arbeitsbesprechung, welche Formen davon für die eigene Elternarbeit vorteilhaft sind und welche nicht. Dabei soll die Leitlinie sein, daß ein Kindergarten nicht alles tun muß, was in der Elternarbeit möglich ist – das könnte übrigens auch kaum jemand –, daß aber gewisse Formen und Verfahren bedacht und begründet ausgewählt und realisiert werden: „Was tun wir in der Elternarbeit und warum –, und was wollen oder können wir nicht tun und warum nicht?" Angeregt und eingebracht werden soll diese Frage durch die Leiterin oder ein anderes Teammitglied.

Kein Kindergarten muß alles tun

[Vgl. S. 151 ff.]

3. Die Leitungsrolle in der Elternarbeit annehmen. – Auch für die Elternarbeit gilt: Team und Teamgeist – ja, aber auch: Leitung – ja. Die Leiterin ist, wie in vielen anderen Bereichen, so auch in der Zusammenarbeit mit Eltern, gleichgestellte Kollegin, aber zugleich auch Leiterin, und diese Doppelrolle sollte sie wirklich annehmen. Sie kann z. B. ihre Repräsentationsaufgaben vor den Eltern nicht einfach übersehen, etwa Begrüßungsworte bei Fest oder Feier; oder die Frage der Anwesenheit bei den Elternabenden. Leiterinnen wollen in der Elternarbeit meistens nicht stets die Hauptrolle spielen. Das brauchen und sollen sie auch nicht. Dennoch aber muß die Leitungsrolle

Ob sie immer anwesend sein muß, werden wir bei den Aussagen zum Elternabend erörtern.

„angenommen", nicht aber ständig „ein-genommen" werden. Die Elternarbeit ist gemeinsam zu leisten, wobei Mitarbeiter und Leitung gleiche, aber auch durchaus verschiedene Aufgaben wahrnehmen.

4. Sich und das Kollegium informieren über Elternarbeit. – Nur der geringere Teil aller Leiterinnen hat je an einem speziellen Fortbildungsseminar zur Elternarbeit teilgenommen. Das halte ich für ein Problem, und ich möchte empfehlen, daß eine Leiterin sich über Elternarbeit fortbildet, damit sie ihr Kollegium anregen und informieren kann. Kenntnisse, die richtige Einstellung und das entsprechende Können sollten dabei entwickelt und verbessert werden.

5. Die kollegiale Anregung. – Auch die Kollegin, z. B. die elternarbeitsmüde, zu ermuntern und anzuhalten zum Neubeginn, zum Durchhalten bei Versagenserlebnissen in der Elternarbeit, auch daran wird die Leiterin in ihrer Rolle denken. Sie sollte der Kollegin eine Fortbildung oder Praxisberatung empfehlen, wenn es erforderlich ist, und deren Elternarbeit supervisieren, wenn diese es wünscht.

6. Die Koordination von Veranstaltungen. – Wann in den einzelnen Gruppen die Elternabende oder andere gruppenbezogene Elternveranstaltungen stattfinden, darüber ist die Leiterin wohl informiert, und hier sollte sie auch Koordinierungsarbeiten leisten. Sie wird die Kolleginnen ermuntern, in der Arbeitsbesprechung über ihre Aktivitäten zu berichten. Wo immer es geht, wird das Team mit der Leiterin die Kollegin – besonders die unerfahrene – hilfreich und partnerschaftlich unterstützen.

3. Die einzelnen Formen der Elternarbeit

An dieser Stelle ist es nicht möglich, jede einzelne Form der Elternarbeit breit zu erörtern – dies ist in meinem Buch „Elternarbeit vom Kindergarten aus" geschehen –, sondern für jede Form werden einige wichtig erscheinende Anmerkungen gemacht, vor allem im Hinblick auf die Leiterin und deren Aufgaben bei der jeweiligen Form.

3.1 Das Gespräch mit einzelnen Eltern – Sprechstunde

Gemeint ist hier das vertiefte Gespräch, das mit einzelnen Eltern aus unterschiedlichen Gründen geführt werden kann. Es ist eine der Formen, die die Erzieher normalerweise gerne durchführen. Das Einzelgespräch kann in der Sprechstunde oder nach besonderer Vereinbarung stattfinden. Eine Kindergartenleiterin kann allerdings – je nach regionalen Voraussetzungen unterschiedlich – selbst entscheiden, ob sie eine spezielle Sprechstunde festlegen und haben will oder nicht. Wichtig ist aber, daß sie sich **Gesprächsbereitschaft zeigen** gesprächsbereit zeigt. Ich glaube, daß die angebotene Sprechzeit hierfür im Bewußtsein der Eltern ein Hinweis sein kann. Selbst wenn eine angegebene Sprechstunde nicht immer stark wahrgenommen wird, signalisiert ihr Angebot doch die Gesprächsbereitschaft der Erzieher. Man wird sich im Kollegium einigen, ob auch jede Gruppenerzieherin ihre Sprechstunde aushängt. Nach manchen Berichten hat sich dies nicht sehr bewährt, was aber nicht heißt, daß man es nicht versuchen soll!

3.2 Das Aufnahmegespräch

Längere Gespräche mit einzelnen Eltern vor der Aufnahme des Kindes sind dringend erforderlich und vielfach auch üblich geworden. Die gute Vorbereitung und Einstimmung des Kindes und der Eltern auf den Kindergarten steht dabei im Vordergrund, nicht zuletzt auch die gegenseitigen Erwartungen von Kindergarten und Familie. Wer soll dieses Gespräch führen? Die Leiterin? Die Gruppenerzieherin? Beide zusammen? Ich meine, man sollte es von Fall zu Fall entscheiden. Es ist allerdings **Die Erziehungspartner** nicht einzig und allein die Aufgabe der Leiterin, sondern: **nehmen teil** Wenn bereits feststeht, in welche Gruppe das Kind kommen soll, dann ist es sinnvoll, daß auch die Gruppenerzieherin am Aufnahmegespräch teilnimmt; denn sie ist später der Erziehungspartner der Eltern und die Bezugsperson des Kindes. Steht aber die Gruppe für das aufzunehmende Kind noch gar nicht fest, dann ist es wohl die Aufgabe der Leiterin, das Gespräch zu führen. Die Kolleginnen werden sie unterstützen, etwa bei der ersten Kontaktaufnahme des Kindes mit dem Kindergarten, z. B., wenn das Kind mit seiner Mutter einmal am Nachmittag eine halbe Stunde im Kindergarten verbringen soll.

3.3 Der Elternabend

Mit den Eltern kann sich die Erzieherin auf Gruppenebene treffen (Gruppenelternabend); außerdem gibt es den Elternabend für alle Eltern des Kindergartens. Die Zusammenkünfte mit den Eltern können aus unterschiedlichen Gründen und mit verschiedenen Zielsetzungen stattfinden, z. B.: Gegenseitiges Kennenlernen, Behandlung eines pädagogischen Themas, Vorstellung und Absprache der Arbeit im Kindergarten (didaktisches Konzept) usw. Die Anzahl der Treffen ist in den einzelnen Kindergärten sehr unterschiedlich und hängt meist vom Interesse der Eltern und vom Engagement der Erzieher ab. Den Kindergarten, in dem während des ganzen Jahres kein Elternabend stattfindet, gibt es wohl kaum noch.

Ist die Leiterin immer anwesend?

Für die Leiterin stellt sich in vielen Kindergärten die Frage, ob sie bei jedem Elternabend – auch wenn es sich um den der Kollegin in der anderen Gruppe handelt – anwesend sein soll. Im Gespräch mit Leiterinnen hielten manche es für selbstverständlich, daß sie bei allen Elternabenden auf Gruppenebene anwesend sind – vor allem die freigestellten Leiterinnen –, andere vertreten den Standpunkt, daß jede Kollegin so selbständig sein müßte, daß sie allein zurechtkommt. Ich meine, hier eine ziemlich eindeutige Empfehlung aussprechen zu können: Die Leiterin soll dann am Gruppenelternabend der Kollegin teilnehmen, wenn diese es wünscht oder wenn es von der Leiterin selbst für dringend erforderlich gehalten wird. Es kann auch einmal die Situation geben, wo (z. B. im Konfliktfall mit Eltern) die Kollegin nicht einsieht, daß es besser ist, wenn die Leiterin anwesend ist. Von den meisten Gruppenerzieherinnen dürfte es aber als unterstützend und hilfreich empfunden werden, vor allem dann, wenn eine erfreuliche Beziehung zur Leiterin besteht. Für die von der Gruppenarbeit freigestellte Leiterin stellt sich die Frage etwas anders: Sie sieht in ihrer Anwesenheit am Gruppenelternabend oft die einzige Möglichkeit, die Mehrheit der Eltern zu Gesicht zu bekommen, und möchte darauf nicht verzichten. Dies muß man ihr einräumen. Hier ist – wie allerdings überhaupt für das gemeinsame Gespräch von Leiterin und Kollegin mit den Eltern – ein gutes Harmonieren wichtig: Jeder nimmt seine Rolle ein, läßt aber auch dem anderen die seinige und akzeptiert diese. Für die partnerschaftliche Leiterin ist das kein Problem, weil sie darauf bedacht ist, daß jede Kollegin beruflich so selbständig ist, daß sie sowohl gemeinsam wie auch allein qualifiziert arbeiten kann. Ihre Anwesenheit am „Elternabend der Kollegin" hat – wie übrigens alle Aktivitäten in der Zusammenarbeit mit den Eltern – Angebotscharakter. Gute Angebote werden meistens gerne angenommen.

3.4 Das „schwarze Brett" oder die Informationstafel

Eine Stelle, an der Aushänge zur Information – vor allem der Eltern – erfolgen, findet man in jedem Kindergarten. Für die Erzieher ist es oft ein Problem, daß nicht alles gelesen wird, was sie zur Information bringen wollen. Für die Leiterin stellt sich die Frage, wer die Befugnis haben soll, etwas am Schwarzen Brett auszuhängen.

Ein Fall: Der Elternvertreter aus Gruppe 1 hängt aus, er habe eine junge Katze zu verschenken; die Mutter aus Gruppe 2 bringt einen interessanten Zeitungsartikel an, und die Erzieherin aus Gruppe 3 hängt ein Gedicht über den rechten Umgang mit Kindern aus, während die Kollegin aus Gruppe 4 ein Zettelchen anheftet mit der Angabe, sie suche für ihre Gruppe eine alte Schreibmaschine und ausgediente Telefonapparate – usw. Die Leiterin selbst erfährt alles das erst über die Aushänge. „Das macht doch nichts", könnte man sagen.

Fallbeispiel

Die Leiterin sieht das aber wie die meisten ihrer Berufskolleginnen anders: Leiterinnen wollen – und sollen – über auszuhängende Informationen informiert werden. Das kostet die Kollegin sowie auch die Eltern nichts, bietet überdies Kommunikationsmöglichkeiten und wird von der engagierten Leitung konstruktiv unterstützt.

Die Leiterin soll informiert sein

In manchen Kindergärten hat es sich auch bewährt, den Eltern einen Teil der Informationstafel zu überlassen, damit sie dort ihre Mitteilungen machen können. Besonders für die Elternvertreter kann dies durchaus aktivierend sein. Aber all diese Dinge müssen offen und kreativ gehandhabt werden, nicht aber Dienstanweisungscharakter bekommen.

3.5 Elternbrief oder Kindergartenzeitung

Viel Engagement und Energie wird in manchen Kindergärten investiert, um Eltern, teils auch die übrige Öffentlichkeit des Kindergartens, über den Weg der schriftlichen Information zu erreichen und um ihnen die unterschiedlichsten Dinge mitzuteilen: Termine, Ferien, Feste, Hinweise pädagogischer oder sonstiger Art usw. An diesen Elternbriefen oder Kindergartenzeitungen muß

Eine Sache des Teams sich selbstverständlich das gesamte Team des Kindergartens, möglichst auch Eltern, beteiligen. Es darf nicht allein oder gar in der Hauptsache als die Arbeit der Leiterin angesehen werden, insbesondere wenn diese nicht freigestellt ist. Die Leiterin hat allerdings die letzte Verantwortung für das zu tragen, was in den schriftlichen Äußerungen des Kindergartens enthalten ist, wie schließlich auch für die mehr formalen Dinge, wie die scheinbaren Kleinigkeiten der Rechtschreibung und Interpunktion. Außerdem obliegt ihr normalerweise die koordinierende und delegierende Rolle in der Arbeitsorganisation, die bei der regelmäßigen Abfassung von schriftlichem Material des Kindergartens unverzichtbar ist. Nur wo ein Team gut arbeitet und die Impulse der Leitung aufnimmt, wird man sich auf Dauer in der an sich schon sehr aufwendigen schriftlichen Elternarbeit engagieren.

Natürlich kann die führende Rolle bei der Erarbeitung von Elternbriefen und Kindergartenzeitungen auch von einer Kollegin übernommen oder etwa im Turnus abgegeben werden. Ein wichtiger Grundsatz lautet: Die Leiterin muß und soll nicht immer alles selber machen. Dieses Prinzip gilt für alle Bereiche der Leitungsarbeit.

3.6 Der Hausbesuch

Es kann unterschiedliche Anlässe geben, in denen es erforderlich wird, daß jemand vom Kindergarten die Familie eines Kindes aufsucht, z. B., wenn dem Kind im Kindergarten etwas zugestoßen ist und es den Kindergarten nicht besuchen kann (Krankheit, Armbruch o. ä.). Aufgabe der Leiterin ist es, die Kolleginnen zu solchen Hausbesuchen anzuregen und sie dabei zu begleiten, falls es richtig erscheint und von der Kollegin gewünscht wird. Das ist selbstverständlich von Fall zu Fall ganz unterschiedlich zu handhaben und darf bei den Eltern niemals aufdringlich erscheinen oder gar nach „Überfall" aussehen. Besonders wenn es sich um einen kritischen Anlaß zum Familienbesuch gehandelt hat, wird die Leiterin sich mit der Kollegin über das Ergebnis austauschen und beraten müssen.

Nicht aufdringlich

3.7 Das Gespräch mit den Elternvertretern

Es ist im Kindergarten seit Jahren üblich geworden, daß man gewählte Elternvertreter hat (Elternbeirat oder Elternrat), besonders nachdem es in einer Reihe von Ländern Kindergartengesetze gibt. Die Erzieher des Kindergartens müßten bemüht sein, vor allem mit diesen Eltern einen ausgiebigen Kontakt zu pflegen. Besonders mit den Elternvertretern der eigenen Gruppe soll die Gruppenleiterin im ständigen Austausch bleiben. Die Kindergartenleiterin wird dies nicht nur dulden, sondern dazu anregen und selbst das Gespräch suchen, wenn es um die Elternvertreter als Gremium, also „den Elternbeirat", geht.

Zum Kontakt ermuntern

3.8 Die schriftliche Umfrage

Der elternorientiert arbeitende Kindergarten wird zu verschiedenen Anlässen an den Wünschen und Meinungen der Eltern interessiert sein, z. B. bei der Auswahl von Themen und der Anzahl von Veranstaltungen in der Elternarbeit, bei einer eventuellen Änderung der Öffnungszeiten oder ähnliches mehr. In manchen Fällen ist es sinnvoll, die Elternschaft durch einen kleinen Fragebogen schriftlich zu befragen. Die Vorteile eines solchen Vorgehens liegen auf der Hand: man hat damit eine wirklich repräsentative Auskunft, weil alle Eltern gefragt werden; derartige Umfragen haben immer auch eine aktivierende Wirkung, weil sie die Eltern so zum Nachdenken und zur gemeinsamen Diskussion der betreffenden Fragen anregen. Dieses vielfach bewährte, allerdings auch etwas anspruchsvolle Verfahren sollte durch die Leiterin angeregt und unter ihrer

Vorteile der Umfrage

Obhut durchgeführt werden. Natürlich sind die Kolleginnen zu beteiligen, einzubeziehen und zu aktivieren. Alle diese Arbeiten kann die Leiterin nicht „verordnen", sondern sie soll anregen, damit die einzelnen Vorhaben dann aus dem Team hervorgehen und wachsen.

3.9 Die Hospitation der Eltern in der Gruppe

Eltern am Geschehen und an der Arbeit in der Gruppe zeitweise zu beteiligen, kann sehr sinnvoll sein und wird seit Jahren in vielen Kindergärten mit Erfolg verwirklicht. Zu dieser Elternhospitation sollte die Leiterin ihre Kolleginnen ermuntern und mit ihnen dazu ein Konzept erarbeiten. Manche Erzieher schrecken etwas vor dieser Art von Elternarbeit zurück. Dann ist es sehr hilfreich, wenn die Leiterin mit gutem Beispiel vorangeht und die Hospitation in ihrer eigenen Gruppe beginnt, bis sie „anstekkend" gewirkt hat und auch die Kollegin Mut bekommt. Gegenseitige Information und Beratung sind hier besonders wichtig.

Ohne Konzept geht es nicht

3.10 Der Planaushang

Im Kindergarten ist es üblich geworden, schriftliche Pläne für die Arbeit, z. B. eines Monats oder einer längeren Zeitspanne, zu erarbeiten und diese den Eltern durch Aushang oder Aushändigung zukommen zu lassen. Der Kindergarten sieht darin eine Möglichkeit der Darstellung der Arbeit und eine Leitlinie für die eigene Orientierung. Leiterin und Kolleginnen müßten jedoch stärker darauf achten, daß durch den Plan auch die Flexibilität und Spontaneität, ja die ganze Vitalität des lebendigen Kindergartenlebens verdeutlicht wird, z. B. wenn im Kindergarten wirklich auch situativ und nicht nach starrem Programm gearbeitet wird. Eigentlich müßte jeder Planaushang die Anmerkung enthalten, daß – je nach situativer Begebenheit – alles auch ganz anders sein kann. Auch wenn die Pläne der einzelnen Gruppen unterschiedlich sind und jede Gruppe ihr Programm aushängt, wird die Leiterin auf das „Gesicht" der Aushänge achten.

Hinweis auf Flexibilität

3.11 Das Telefongespräch

Nachdem die Anzahl der Familien, die einen Telefonanschluß besitzen, der 100%-Marke immer näher kommt, spielt das Telefongespräch auch in der Elternarbeit eine immer größer werdende Rolle. Das Kindergartentelefon steht selbstverständlich grundsätzlich jeder Kollegin zur Verfügung. Den an sich nicht gestatteten Privatgesprächen kommt die Leitung am besten durch das eigene gute Vorbild sowie durch Absprache bei. Über bedeutsame Gespräche, die von Gruppenerziehern mit einzelnen Eltern geführt werden, will und sollte die Leiterin informiert sein. Dies gilt besonders für die Fälle, bei denen es sich um Probleme oder gar Konflikte handelt. Dies kann auch für die betroffene Kollegin sehr hilfreich sein. Muß die Leiterin aus dienstlichen Gründen abwesend sein, so ist es ratsam, die Kolleginnen, insbesondere die stellvertretende Leiterin, zu bitten, alle empfangenen Anrufe auf einem Zettel festzuhalten, um der Leiterin darüber berichten zu können.

Sich informieren

4. Weitere Formen der Elternarbeit

Außer den bisher ansatzweise skizzierten Formen der Zusammenarbeit mit den Eltern hat der Kindergarten natürlich noch eine ganze Reihe anderer Möglichkeiten, bei denen die einzelnen Erzieher sich beteiligen und engagieren, bei denen aber auch die Leiterin ihre Leitungsrolle wahrzunehmen hat:

Die Vielfalt der Formen

- *Das Tür-Angel-Gespräch* (Für die Elternschaft ist es nicht schön, wenn sie das Gefühl haben muß, die Leiterin „verziehe" sich lieber ins Büro, statt sich beim Bringen und Holen der Kinder für kurze Gespräche mit den Eltern bereit zu halten.)
- *Die Kontakt-Ecke* (Ein Tisch mit ein paar Sitzgelegenheiten und etwas ausgelegter Literatur kann ebenfalls die Gesprächsbereitschaft signalisieren und fördern.)
- *Das gemütliche Beisammensein mit den Eltern* (Eine gute Möglichkeit für die Leiterin, auch mit den Eltern aus anderen Gruppen in Kontakt zu kommen, wenn sie ein wenig „von Tisch zu Tisch" geht und mit den Eltern spricht, die ihr noch nicht so vertraut sind.)

- *Die Exkursion mit der Kindergruppe* (Auch daran können und – je nach Situation – müssen Eltern beteiligt werden; die Leiterin muß die Exkursion mit der Kollegin verantwortungsbewußt besprechen, besonders dann, wenn sie nicht selbst mitgehen kann.)
- *Die kleine Buchausstellung für Eltern und Öffentlichkeit* (Je nach Lage des Kindergartens, natürlich auch nach Sättigungsgrad der Elternarbeit empfehlenswert; entweder hat die Leiterin dabei selbst die Federführung oder sie delegiert.)
- *Das Ausleihen von Bilderbüchern* (Wenn möglich und nach den elterlichen Erfordernissen nötig, kann der Kindergarten eine kleine Elternbibliothek haben; die Leiterin kann dazu anregen.)
- *Gemeinschaftsarbeiten mit Eltern* (z. B. Herrichten des Spielplatzes am Kindergarten, Reparieren von Spielzeug, Basteln mit Eltern für einen Bazar o. ä.; neben den repräsentativen Momenten der reinen Anwesenheit, muß eine Leiterin hier auch gut organisieren können.)
- *Aktionen von Eltern* (z. B. eine Unterschriftensammlung für einen Zebrastreifen am Kindergarten zur Eingabe an den Gemeinderat o. ä.; Leiterin und Kollegium, ja auch der Träger, sind in manchen Fällen auf die Unterstützung der Eltern angewiesen, um einzelne Dinge durchzubringen.)
- *Spielnachmittage mit Eltern* (Dazu bedarf es manchmal der Anregung von seiten der Leiterin; man wird gemeinsam ein Konzept erarbeiten.)

Noch andere Formen

Außer all diesen Aktivitäten, bei denen die Leitungsrolle je unterschiedlich zu handhaben ist, kann der Kindergarten Eltern informieren durch die Ausstellung der Arbeiten der Kinder; Eltern Impulse geben zur Erweiterung eines im Kindergarten behandelten Themas (z. B. zu Hause etwas zu pflanzen); Eltern um die Abgabe von „Utensilien" (z. B. ausgediente Kleider, Schreibmaschinen usw.) bitten; einen Elternstammtisch haben.

Es gibt also wirklich viele Möglichkeiten, und ich möchte erneut anmerken, daß jeder Kindergarten seine eigenen Formen und Methoden wählen und diese engagiert und wirkungsvoll durchführen soll.

VIII. Welche Aufgaben hat die Leiterin in der Zusammenarbeit mit der Schule?

Nicht ohne die Eltern

Für die Sozialisation des Kindes bietet der Kindergarten gleichsam zwei Nahtstellen, und zwar einmal am Übergang von der Familie in den Kindergarten und zum anderen am Übergang vom Kindergarten in die Schule. In beiden Fällen geht es nicht ohne Zusammenarbeit. Die Kooperation mit der Schule darf aber die Eltern nicht außer acht lassen. Manchmal habe ich den Eindruck, daß dies geschieht, d. h., daß die Elternschaft des Kindergartens in die Zusammenarbeit mit der Schule nicht genügend einbezogen wird. Darauf zu achten ist eine besondere Aufgabe der Leiterin.

1. Weshalb Kooperation mit der Grundschule?

10% sind zuviel

Das überzeugendste Argument für die Notwendigkeit der Zusammenarbeit zwischen dem Kindergarten und der Schule ist das Kind selbst: Sein Wohl, das Ziel aller Erziehung, fordert die Kooperation. Es sind etwa 10% eines Jahrgangs, für die der Übergang in die Grundschule zum Stolperstein wird: Sie kommen zurück in den Kindergarten, gehen in den Schulkindergarten oder müssen die Sonderschule besuchen, und zwar oft nach beschwerlichen Umwegen und Ratschlägen. Um dies zu vermeiden oder in solchen Fällen die richtige Entscheidung für das Kind – gemeinsam mit den Eltern – zu treffen, ist die Kooperation mit der Schule unabdingbar. Über diese einzelnen Fälle hinaus, in denen es um das Glück des Kindes geht, gibt es aber mehrere andere Gründe, aus denen sich die Notwendigkeit einer engagierten Kooperation ergibt:

a) Kooperation von Kindergarten und Grundschule trägt dazu bei, daß für das einzelne Kind, besonders im Problemfall, der richtige Weg gefunden und entschieden wird.

b) Nur durch einen intensiven Austausch zwischen Erziehern und Lehrern ist die Kontinuität in der Erziehung und Bildung gewährleistet: Was Kinder im Kindergarten gelernt haben, soll nicht verloren gehen. Es soll vielmehr in der Schule darauf aufgebaut werden. Über Bilderbücher, Liedgut, ja die gesamte Erziehungskonzeption usw. muß ein Informationsaustausch erfolgen.

c) Die Zusammenarbeit zwischen Erziehern des Kindergartens und Lehrern der Grundschule trägt zum Abbau der Vorurteile bei, die in vielen Fällen auf beiden Seiten immer noch vorhanden sind, und führt zur Verbesserung der Beziehung. In allen Fällen von gelungener Kooperation konnte eine gesteigerte Sympathie für die Gruppe der Kollegen in Schule bzw. Kindergarten festgestellt werden.

d) Erzieher und Lehrer können durch die Kooperation voneinander lernen. Viele Lehrer wissen inzwischen um den Wert des Freispiels und praktizieren dieses in der Schule – vermittelt und gelernt durch ihre Mitarbeit im Kindergarten.

e) Schließlich sollten sich beide Pädagogengruppen darüber im klaren sein, daß die Zusammenarbeit ihnen – zwar nicht zwangsmäßig, so aber doch moralisch und berufsethisch – „vorgeschrieben" wurde.

2. Die Formen der Zusammenarbeit zwischen Kindergarten und Grundschule

Entsprechend den Zielsetzungen, die in der Kooperation mit der Schule eine Rolle spielen, findet sich eine Reihe von Formen und Aktivitäten, über welche die Ziele zu realisieren sind.

Bei einigen ergeben sich besondere Aufgaben für die Leitung:

1. Der regelmäßige Kontakt mit der Schulleitung. – Wenn wir der Leitung des Kindergartens eine so große Bedeutung für die Qualität der Arbeit und das Zusammenwirken aller Beteiligten beimessen, so gilt dies nicht minder für die Leitung der Schule; auch sie ist das Herzstück der Institution, und auch von ihr aus erfolgen im günstigen Fall Impulse und Animation, im ungünstigen Fall tötet die Schulleitung sogar den Eifer und das Engagement einzelner Kollegen. Für die Kooperation ist wichtig, daß zwischen Kindergarten und Schule eine erfreuliche Atmosphäre besteht. Deshalb sollte die Beziehung zwischen

Es kann auch hier nicht auf jede Form breit eingegangen werden, und deshalb verweise ich u. a. auf die beiden von mir dazu verfaßten Bücher.

Literaturempfehlungen
Über die Kooperation des Kindergartens mit der Schule gibt es natürlich viel mehr Informationen, als hier vorgestellt werden konnten, besonders bei den einzelnen Formen werden die methodischen Details und praktischen Erfahrungen interessieren. Sie finden darüber Genaueres in den folgenden Büchern:

1. N. Huppertz, Zusammenarbeit von Kindergarten und Grundschule, Freiburg i. Br. 1980 (Herder-Bücherei)
2. N. Huppertz / J. Rumpf, Kooperation zwischen Kindergarten und Schule, München 1983 (Bardtenschlager-Verlag)
3. E. Hollmann / R. Oster-Hornung, Kooperation Kindergarten–Grundschule, Hannover 1980
4. Staatsinstitut für Frühpädagogik (Hrsg.), Vom Kindergarten zur Schule. Erprobte Wege der Zusammenarbeit von Erziehern und Lehrern, Freiburg i. Br. 1985 (Verlag Herder)

Vorsicht bei der Weitergabe von Informationen

den beiden Leitungen gut sein, damit sie zum tragenden Fundament der gesamten Kooperationsaktivitäten werden kann. Eine Voraussetzung für stabile Beziehungen ist aber der regelmäßige Kontakt der beteiligten Personen. Deshalb sei der Kindergartenleiterin das regelmäßige Treffen mit der Schulleitung empfohlen, etwa ein- bis zweimal pro Jahr, oder wie oft auch immer. Natürlich wird dies etwas von den Umständen abhängen; ebenso auch die Frage, wer die Initiative für diesen Kontakt ergreift. Manchmal sind es gegebene Anlässe, die zur Kontaktaufnahme führen – leider oft auch Negativerscheinungen. Je regelmäßiger allerdings die Kontakte, umso besser wird wohl die Kooperation sein. Gesprächsinhalte der regelmäßigen Kontaktierung der Leitungen können Vereinbarungen über Treffen der Kollegien sein, die bereits realisierten oder geplanten Kooperationsmaßnahmen, und die Frage, wie generell die Zusammenarbeit in Gang kommen kann bzw. in Gang zu halten ist.

2. Das Einzelgespräch zwischen Erzieher und Lehrer. – Es muß kaum betont werden, daß nicht alle Zusammenarbeit durch die Leitungen erfolgt – wohl sollten sie jeweils informiert sein –, sondern auch Gruppenleiterin und Klassenlehrer können guten Grund haben, miteinander zu sprechen und zu kooperieren, z. B. wenn bestimmte Aktivitäten zu planen sind oder wenn es um das Wohl des einzelnen Kindes geht. Die Erzieherin muß jedoch gut abwägen, inwieweit die Weitergabe von Informationen über ein Kind für dieses selbst hilfreich ist oder gar beim Lehrer Vorurteile hervorgerufen werden können, und es somit besser ist, aus pädagogischen Gründen nichts zu sagen. Manche Dinge darf sie auch gar nicht weitergeben, es sei denn in Absprache mit den Eltern. Die Leiterin wird darauf ihr berechtigtes „Kontrollauge" richten, vor allem auch darauf, daß die Eltern in ausreichendem Maße einbezogen werden und daß die Gespräche fachlich fundiert geführt werden, z. B. gut vorbereitet und koordiniert.

3. Die kollegiale Mitarbeit. – Will ein Lehrer sich über den Kindergarten genauer informieren, so geschieht dies am besten an Ort und Stelle, nämlich im Kindergarten selbst. Die meisten Kindergärten sind heute so gut ausgestattet und der größte Teil des Personals so gut qualifiziert, daß sich der Kindergarten ohne jede Scheu einen Blick hinter die Kulissen leisten kann. Ist ein Lehrer stundenweise anwesend im Kindergarten, so muß er nicht nur hospitieren, sondern er wird bald in das Gruppengeschehen einbezogen und mit den Kindern spielen. Arbeitet ein Lehrer in einer anderen Gruppe als der von der Leiterin geführten mit, so steht diese für die Beratung und Information über die Vorgehensweisen zur Verfügung. Sie hat auch dafür zu sorgen, daß die Eltern über die Mitarbeit des Lehrers informiert werden.

Nicht nur hospitieren

Inwieweit es sich ermöglichen läßt, daß umgekehrt auch Erzieher in der Schule anwesend sind und mitarbeiten können, wird im einzelnen abzuklären sein. Wünschenswert wäre es allemal.

4. Die Exkursion der Kindergartengruppe zur Schule. – Daß Kindergartenkinder vor der Einschulung die Schule besuchen, praktiziert man mancherorts schon sehr lange. Heute ist dies nach meinen eigenen Forschungen bei Lehrern und Erziehern das am weitesten verbreitete Verfahren der Zusammenarbeit. Die Leiterin sollte mit darauf achten, daß ein solcher Besuch nicht zu einer reinen Besichtigung wird (wovon die Kinder meistens nichts haben), sondern zu einem erfreulichen Erlebnis für alle Beteiligten. Das muß aber gut geplant und vorbereitet werden und bedarf der wirklichen Kooperation des Kindergartens und des betreffenden Lehrers, mit dessen Klasse die Begegnung stattfindet. Ohne daß nun mit den Kindergartenkindern gleich Unterricht gemacht wird, sollen sie gleichwohl in vorbereitete und für sie angemessene Aktivitäten einbezogen werden (z. B. Spiele, Lieder usw.). Bei der Exkursion muß es sich übrigens keineswegs immer um die erste Klasse handeln, die besucht wird. Ebenso muß die Zusammenarbeit nicht immer über die künftigen Erstklaßlehrer stattfinden. Angemerkt sei noch, daß auch Schulklassen den Kindergarten besuchen können, wie man des öfteren in der Praxis sieht.

Erfreuliches Erlebnis

5. Die gemeinsame Konferenz oder Arbeitsgemeinschaft. – Gemeint ist das Zusammentreffen der Kollegien von Kindergarten und Grundschule oder von Teilen ihrer Personalgruppen, die sich für die Kooperation besonders interessieren. Dabei muß die Kindergartenleiterin zusehen, daß sie – als kooperativer Gegenpart zur Schulleitung – den Kindergarten ausreichend repräsentiert. Sie besitzt für die Leitung einer solchen Konferenz die gleiche Befugnis wie der Schulleiter, und dessen sollte sie sich bewußt sein. Inhalte und Themen derartiger Konferenzen ergeben sich aus der Kooperation selbst, also: Welche Formen der Zusammenarbeit werden von Kindergarten bzw. Schule bevorzugt? Wer beteiligt sich? Wie verteilt man die einzelnen Aktivitäten über das Kindergartenbzw. Schuljahr? usw. wichtig ist dabei immer das Ergebnisprotokoll, das von beiden Leitungen zu unterzeichnen ist.

Gleiche Befugnis

6. Gemeinsame Elternabende. – Besonders zu Fragen der Schulreife und eventueller Übergangsprobleme, die sich für manche Kinder stellen können, sollten Erzieher des Kindergartens und Lehrer der Schule zusammenarbeiten. Dazu bieten sich vor der Einschulung gemeinsame Elternabende an. Auch andere Themen, wie z. B. Sozialerziehung, Erziehungsstile, Konfliktregelung mit Kindern usw. eignen sich gut für gemeinsame Elternabende. Auch im Hinblick auf den gemeinsamen Elternabend dürfen wir die Leiterin des Kindergartens an ihre Repräsentationsaufgabe erinnern: Nimmt ein Lehrer z. B. die Begrüßung der Eltern vor, dann kann die Leiterin die Verabschiedung machen, oder umgekehrt. Wichtig ist, daß die Leitungsrolle auch hier – gerade beim gemeinsamen Auftreten vor der Elternschaft – genügend zum Tragen kommt.

Genügend Repräsentation

7. Weitere Formen der Zusammenarbeit. – Die Zahl der möglichen Kooperationsformen ist so groß wie die Kreativität und Phantasie der betreffenden Pädagogen reichen. Natürlich sind immer auch die persönlichen, situativen und institutionellen Voraussetzungen zu bedenken. In manchen Kindergärten wurden z. B. mit den folgenden Arten der Zusammenarbeit gute Erfahrungen gemacht:

Andere Formen

- Wechselseitige Einladung und Teilnahme an Festen und Feiern in Kindergarten und Schule;
- zeitweilige Teilnahme eines Lehrers an der Teambesprechung oder Elternbeirats- bzw. Kindergartenratssitzung (je nach Thema);

- Erzieher sind am Einschulungstag zeitweilig anwesend, gemeinsam mit den Eltern;
- gemeinsame Fortbildungsveranstaltungen für Erzieher und Lehrer;
- gemeinsame Spielnachmittage o. ä.

Grenzen scheint es kaum zu geben, wenn nur genügend Wille und Phantasie vorhanden sind. Auch für die Kooperation mit der Schule gilt – und das darf von der Leiterin nicht vergessen werden: Tun Sie nicht alles! Aber was Sie tun, sei reflektiert, begründet und fachlich fundiert getan.

3. Spezielle Aufgaben der Leiterin in der Kooperation

Die allgemeinen Funktionen, die ich für die Tätigkeit der Kindergartenleitung zusammengestellt habe, finden auch in der Kooperation mit der Grundschule ihre Anwendung.

Vgl. Kapitel I S. 11 ff. dieses Buches

a) *Integrieren:* Gerade bei der nicht immer problemlosen und harmonierenden Beziehung von Kindergarten und Schule hat es die Leiterin weitgehend in der Hand, die Voraussetzungen für eine gute Atmosphäre zu beeinflussen.

Funktionen in der Kooperation

b) *Organisieren:* Nicht zuletzt gehört auch in die Zusammenarbeit mit der Schule eine gute Organisation, etwa Absprachen mit der Schule und dem Kollegium, Planen, Vorbereiten, das Koordinieren der verschiedenen Arbeitsformen und Aktivitäten. Ob z. B. ein Schulbesuch mit einer Gruppe gelingt oder nicht, ist weitgehend eine Frage der guten Organisation.

c) *Verantworten:* Die Kooperation und deren Erfolg oder Mißerfolg werden natürlich vom Personal gemeinsam verantwortet. Dennoch liegt die letzte Verantwortung auch hier bei der Leitung.

d) *Informieren:* Über die Zusammenarbeit mit der Schule soll jede Kollegin Bescheid wissen; denn sie ist engagierter und motivierter, wenn sie mitberaten kann, was geschieht und von wem es durchgeführt wird.

e) *Kooperieren:* Ohne Zusammenarbeit im Team, vor allem aber auch ohne die Mitwirkung der Eltern, kann die Leiterin die Kooperation mit der Schule nicht zufriedenstellend gestalten.

f) *Delegieren:* Auch hier sollte es an Mut zum Delegieren nicht fehlen, d. h., daß die Leiterin einer Kollegin konkrete Aufgaben der Zusammenarbeit mit der Schule überträgt und überläßt, wo es angebracht erscheint.

g) *Aktivieren:* Das betrifft u. a. die eventuelle Kooperationsmüdigkeit, z. B. bei enttäuschenden Erfahrungen im Umgang mit der Schule. Oft bedarf die Leiterin dabei selbst der motivierenden Hilfe von seiten des Teams, oft wird sie aber auch die Kolleginnen durch den eigenen Schwung beflügeln, in der Zusammenarbeit mit der Schule den Schwung zu behalten und nicht zu erlahmen.

h) *Paragraphen:* In mehreren Ländern gibt es für die Kooperation mit der Schule – wenn auch nicht bis ins Detail verbindliche, so doch sehr hilfreiche – „Vorschriften". Die Leiterin sollte dies als positiv betrachten, weil sie so gegenüber der nicht so aktivierbaren Kollegin, aber auch gegenüber dem nicht motivierten und an der Zusammenarbeit uninteressierten Schulleiter darauf verweisen kann, daß Kooperation eigentlich zu geschehen habe. In einem solchen Fall können Paragraphen durchaus stützend wirken.

i) *Repräsentieren:* Bei der Kooperation des Kindergartens mit der Schule handelt es sich im wesentlichen um Außenkontakte. Deshalb ist gerade hier die Leiterin in ihrer Repräsentationsrolle gefragt. Sie vertritt den Kindergarten gegenüber der Schule – natürlich im Zusammenwirken mit dem Team und durch dieses gestützt.

j) *Innovieren:* Bewährte Kooperation wird man nicht ohne Grund verändern, doch bekanntlich kann der ewig gleiche Trott auch hier zu Ermüdungserscheinungen führen. Deshalb auch hier die Frage: Warum nicht öfter mal was Neues?

k) *Kontrollieren:* Kollegial und legitimiert wird die Leiterin auch in der schulischen Kooperation die Kolleginnen ihre Aktivitäten transparent machen lassen und die eigenen der Kontrolle durch das Kollegium anbieten.

So verstandene Kontrolle verliert den üblen Beigeschmack und wird zur positiven Selbstverständlichkeit.

l) *Entscheiden:* Auch diese Aufgabe ist in der Kooperation mit der Schule wahrzunehmen, selbstverständlich, wo immer es geht, in Absprache mit dem Kollegium und lediglich im unbedingt erforderlichen Grenzfall auch einmal gegen dessen Auffassung.

Weitere Empfehlungen und Anregungen:

Konkret können der Kindergartenleitung die folgenden Hilfen empfohlen werden:

1. Stellen Sie sich selbst des öfteren die Qualitätsfrage: **Praxishinweise**
Was „läuft" in unserem Kindergarten an Kooperation mit der Schule tatsächlich? Wie „läuft" es? Wo gibt es Barrieren und wie sind sie zu beseitigen?
2. Bringen Sie von Zeit zu Zeit das Thema „Kooperation Kindergarten – Schule" in das Teamgespräch.
3. Die Information für die Mitarbeiter darf nicht fehlen, z. B. kann sie erfolgen durch Literaturhinweise und -bearbeitung für die Arbeitssitzung, Hinweise auf Fortbildungsveranstaltungen, Berichte von seiten der Leitung.
4. Nehmen Sie die Leitungsrolle an; in den meisten Bereichen der Zusammenarbeit ist die Leiterin – wie es sich für ein Team geziemt – mit den Kolleginnen gleichgestellt, in einigen muß sie aber „als Leiterin auftreten", z. B. wenn es um die Vertretung des ganzen Kindergartens geht.

IX. Die gemeindebezogene Arbeit des Kindergartens und die Aufgabe der Leiterin dabei

1. Was heißt gemeindebezogene Arbeit und soziale Einbindung des Kindergartens?

„Der Kindergarten übernahm die Verantwortung für das Programm des Pfarr- und Kinderfestes für die Vorschulkinder. Zwei Angestellte des Kindergartens sind Mitglied im Pfarrgemeinderat, setzen sich ein als Tischmütter und im Liturgiekreis. Das Programm der Elternarbeit des Kindergartens ist ein Teilprogramm der Erwachsenenbildung der Pfarrgemeinde. Junge Mütter finden über den Kindergarten zur Frauengemeinschaft. Kinder und Eltern werden über den Kindergarten zu Familienmessen und Veranstaltungen der Gemeinde eingeladen. Kinder des Kindergartens werden am Programm der Altenfeste beteiligt. Mitglieder der Gemeinde und des Pfarrgemeinderats sind immer wieder bereit, im Rahmen ihrer Möglichkeiten helfend einzuspringen, z. B. eine Rutschbahn mußte aufgestellt werden ..."

Praxisbericht

Dieser Bericht illustriert in etwa, was mit der hier zu behandelnden Frage gemeint sein kann. Für den nicht-konfessionellen Kindergarten können sich andere Aktivitäten ergeben.

Unter dem Thema „Der Kindergarten in der Gemeinde" stellen sich heute dem Erzieher im Kindergarten viele Fragen anders als noch vor einigen Jahren. Für die Erzieher selbst, nicht zuletzt die Leiterin, können die Ansprüche und Erwartungen „ihrer Gemeinden" und „ihrer Träger" unterschiedliche Empfindungen und Reaktionen auslösen: Freude, Engagement, Überraschung, Enttäuschung, Fragen. Ob jemand einen katholischen, evangelischen oder kommunalen Kindergarten leitet – an der Klärung der Frage „Wie steht mein Kindergarten, wie stehe ich, wie stehen wir zu unserer Gemeinde?" kann er letztlich nicht vorbei. Ich möchte von vornherein herausstellen, daß eine gute Zusammenarbeit zwischen Kindergarten und Gemeinde eine sehr schöne und befriedigende Aufgabe sein kann, und zwar nicht zuletzt für die Leiterin selbst.

Empfindungen und Reaktionen

Im folgenden sollen einige Aspekte zur Verbindung des Kindergartens mit der Gemeinde und zu den sich daraus ergebenden Möglichkeiten für die Leitung des Kindergartens behandelt werden. Nicht eingegangen werden kann hier auf die teils sehr kontrovers geführte theologische Diskussion um das Verständnis des Kindergartens aus der Perspektive der Gemeinde. Bei meinen Überlegungen geht der Blick vom Kindergarten als einer in der Gesellschaft vorhandenen, gemeinwesenbezogenen pädagogischen Einrichtung mit allgemeinem Bildungs- und Erziehungsauftrag aus.

Den Kindergarten kann man von seinen Aufgaben und Funktionen her sehr unterschiedlich betrachten. Je nach der Trägerschaft ergeben sich andere Akzente, sei es konfessioneller oder gemeindepolitischer Art. So wichtig den bedeutenden Kindergartenpädagogen, z.B. Fröbel (1782–1852), die Erziehung des kleinen Kindes im Kindergarten auch gewesen sein mag, sie haben ihn nicht nur als „Ort des Kleinkindes" gesehen; allein durch die lokale Situation – durch den Bezug zu Eltern, Familien, Trägerschaft, Nachbarschaft usw. – besteht schon immer eine Einbindung in die soziale Umgebung. Allerdings kann diese Einbindung sehr unterschiedlich sein. Damit wird deutlich, daß der Kindergarten immer auch in Bezug zu seinem Gemeinwesen bzw. zu seiner Gemeinde gesehen werden muß. Deshalb dürfte es auch einleuchtend sein, weshalb seit einiger Zeit das Thema „Der Kindergarten als gemeinwesenorientierte Institution" stärker erörtert wird und der Kindergarten manchmal sogar als zentrales Element von Gemeinwesenarbeit überhaupt betrachtet wird. Für den Kindergarten und die dort tätigen Erzieher und Leiter muß das zunächst positiv aussehen – wird doch damit die Wichtigkeit des Kindergartens innerhalb des Gemeinwesens hervorgehoben –, andererseits ist dadurch noch überhaupt nicht geklärt, welche – neuen und weiteren – Aufgaben sich für Leitung und Mitarbeiter ergeben. Man muß es allgemein wohl so sehen: Förmliche Vorschriften über die Zusammenarbeit von Kindergarten und Gemeinde wären nicht gut und gibt es auch kaum. Durch die wesensmäßige Einbindung des Kindergartens in die bürgerliche wie die konfessionelle Gemeinde besteht aber eine innere Verknüpfung und damit auch die Pflicht zu einer Zusammenarbeit. Daraus folgt, daß es dann nur darum gehen kann, zwischen Kindergartenpersonal – insbesondere der Leitung – und der Gemeinde – vertreten

Beziehung zur Gemeinde besteht per se

durch den Trägerverantwortlichen – gemeinsam Aktivitäten und Formen zu finden, die beide Seiten zufriedenstellen und niemand überfordern und schließlich dem Wohl der Gemeinde, also allen, dienen.

2. Wozu gemeindebezogene Arbeit des Kindergartens?

Die Zusammenarbeit mit der Gemeinde begründet sich für den konfessionell getragenen Kindergarten teils gleich, teils aber auch anders als für den kommunalen Kindergarten. Der allgemeine Erziehungsauftrag wie auch die Aufgabe der religiösen Erziehung verpflichtet den Kindergarten u. a. zur Elternarbeit. Diese aber stimmt teilweise mit der gemeindebezogenen Arbeit überein, wenn sie auch damit nicht einfachhin gleichzusetzen ist. Gemeindearbeit des Kindergartens ist die Arbeit in das   **Begriff** und mit dem Gemeinwesen, dem der Kindergarten zugehört. Legitimiert kann sie sein durch die spezifische Motivation für die Kindergartenarbeit von seiten des Trägers, z. B. einen katholischen Kindergarten zu haben, oder aber durch das sozialpädagogische Engagement von seiten der Erzieher, z. B. eine Minderheitengruppe von ausländischen Mitbürgern zu integrieren. Diese beiden Begründungsaspekte schließen sich keineswegs aus, sondern müssen aus christlicher Trägerschaft sogar als untrennbar betrachtet werden.

2.1 Zur christlichen Begründung der gemeindebezogenen Arbeit des Kindergartens

Ein sehr großer Teil unserer Kindergärten befindet sich in konfessioneller Trägerschaft. Für diese Kindergärten ergibt sich die Begründung ihrer Arbeit insgesamt vom Verständnis des christlichen Auftrags her. Kindergartenarbeit war ihrem Ursprung nach, wie die Fürsorgetätigkeit überhaupt, helfende Minderheiten- und Notstandsarbeit. Der Minderheiten und Notleidenden nahm sich Jesus an. Dies

„... das habt ihr mir getan"

zu tun und andere dazu zu ermuntern ist, im Gegensatz zu aller heidnischen Philosophie vorher, seine revolutionierende Botschaft: „Was ihr einem dieser meiner geringsten Brüder getan habt, das habt ihr mir getan" (Matth. 25, 40). Hier hat jedes soziale Engagement von Christen seinen Ursprung. Es ist das Gebot der christlichen Nächstenliebe, dem anderen Gutes zu tun und ihm ausreichend Wertschätzung entgegenzubringen: „Du sollst ... deinen Nächsten lieben wie dich selbst!" (Matth. 19, 19) Von daher betrachten die Kirchen auch heute noch ihren Auftrag zur sozialen Arbeit überhaupt und zur Erhaltung der Kindergärten im besonderen.

Im Jahre 1975 verabschiedete die Synode der Bistümer Deutschlands u. a. den folgenden Text:

„Dem wichtigen familienergänzenden Dienst am Kleinkind in der Form des Kindergartens hat die Kirche in den vergangenen Jahrzehnten immer eine besondere Bedeutung beigemessen. Das soll auch künftig so sein, weil einerseits nur dadurch das in unserer Gesellschaft notwendige Platzangebot gesichert bleibt und weil andererseits damit dem Wunsch vieler Eltern entsprochen wird, ihr Kind einer pädagogischen Einrichtung anzuvertrauen, die die in der Familie begonnene weltanschauliche und religiöse Erziehung fortsetzt, ergänzt und vertieft."

Die Synode der Evangelischen Kirche Deutschlands äußerte sich 1971 so:

„Die EKD ist ein Partner in der demokratischen Gesellschaft, der sich von seiner Zielsetzung her nicht seiner Mitverantwortung für das Erziehungs- und Bildungswesen im Elementarbereich entziehen darf. Sie wird dazu von der Botschaft und der Tat Jesu Christi veranlaßt.
Deshalb muß die EKD sorgfältig untersuchen lassen, welche Bedeutung das Evangelium für diesen Bildungsbereich und seine Curricula hat. Insbesondere ist dabei zu fragen, wie das Evangelium von Angst, Zwang und Leistungsdruck befreit, Kreativität fördert, zur Gemeinschaft befähigt, Vergebung und Frieden gibt und Geborgenheit gewährt."

Christliche Eltern haben in der pluralen Gesellschaft selbstverständlich ein Recht auf eine Kindergartenarbeit, die im Sinne ihres eigenen Bekenntnisses durchgeführt wird, ähnlich wie bei Schulen in freier Trägerschaft. Natürlich gilt dies auch für andere Gruppen in der Gesellschaft.

In der Konsequenz dieser vom Evangelium abgeleiteten

Legitimation der sozialen Arbeit fühlen sich die Kirchen gegenüber den getauften Kindern und deren Eltern verpflichtet, ihnen einen Kindergarten anzubieten, der in ihrem Sinne arbeitet. Dieser Kindergarten soll sich nicht losgelöst von der Gemeinde verstehen:

„Wenn Eltern und Gemeinde ein Kind in die Gemeinschaft der Glaubenden aufnehmen mit der verpflichtenden Zusage, zu sorgen, daß es in Stufen in das Leben eines Glaubenden hineinwachsen kann, dann müssen sie solche Umweltbedingungen schaffen, durch die alle Kräfte und Fähigkeiten des Kindes sich gesund und voll entfalten können. Diese Bedingungen können nicht isoliert geschaffen werden" (Große-Jäger 1970).

Der Kindergarten ist damit – von der Pfarrgemeinde her gesehen – ein wichtiges Element der Seelsorge für das Kind.
Die Kirchen engagierten sich bereits seit sicher zwei Jahrhunderten konkret in der Betreuung des kleinen Kindes durch die Errichtung und Erhaltung von „Kleinkinderschulen" und „Kinderbewahranstalten".
Der christlich orientierte Erzieher – sei es im evangelischen oder katholischen Kindergarten – wird auch heute seine berufliche Tätigkeit u. a. von der Bibel und der Tradition der christlichen Liebestätigkeit her begründen können.

2.2 Zur sozialpädagogischen Begründung der gemeindebezogenen Arbeit

Es wurde schon gesagt: diese Begründung ist integrierbar in die spezifisch-christliche, kann aber auch, z. B. im nicht-konfessionellen Kindergarten, für sich allein gesehen werden. Nehmen wir ein Beispiel, das sich in einem Gemeindekindergarten ereignet haben könnte:

In der Gruppe war ein Bilderbuch betrachtet worden, das die Veränderung einer Landschaft in der Entwicklung vom Dorf zur Stadt zeigt. Das Gespräch kam darauf, wie es denn wohl hier früher ausgesehen haben mag und wer davon noch etwas wissen könnte. Einige Kinder sagten: „Die alten Leute", und meinten damit den Altenkreis, in dem sie – wie jedes Jahr üblich – vor einigen Wochen zu Weihnachten im Gemeindehaus Lieder gesungen hatten. Die Erzieherin lud den Diakon, der die Altentreffen organisierte, zu einem Gespräch in die Gruppe ein. Mit den Kindern geplant, führte das zu einer Einladung einiger noch sehr rüstiger Senioren in den Kinder-

Praxisbeispiel

garten. Die alten Herrschaften kamen mit Fotos und anderen Erinnerungsstücken und erzählten in jeweils ganz kleinen Gruppen, wie für sie die Stadt früher ausgesehen hatte. Weil noch Winter war, kam man auch darauf, daß die Senioren in ihrer Jugend mitten in der heutigen Stadt gerodelt hatten. Daraus entstand die Idee für einen gemeinsamen Spaziergang, bei dem beide Generationen einander ihre Spielecken im Freien zeigten. Die Erzieherinnen hielten das auf Tonband und Dias fest. Diese Dokumentation wurde sowohl im Altenkreis als auch auf einem Gruppen-Elterntreff vorgeführt. Zusammen mit der Nacharbeit in der Kindergruppe folgten daraus zwei weiterlaufende Initiativen: Kinder und Senioren erkundeten gemeinsam gefahrenvolle und gefahrenfreiere Fußwege in der Umgebung von Kindergarten und Gemeindehaus. Ein gleichsam öffentlichkeitswirksames Ergebnis dieser Begehung war ein gemeinsamer „Brief" von Kindern und Senioren an das Tiefbauamt mit der Bitte, die Grünphase einer Fußgängerampel zu verlängern. Einige Senioren regten bei den Eltern der Kindergartenkinder einen Vorstoß beim Gartenbauamt der Gemeinde an mit dem Ziel, einen unansehnlichen ebenen Kinderspielplatz durch Aufschüttungen in eine auch zum Schlittenfahren geeignete bewegte Spiellandschaft zu verwandeln, da die früheren Schlittenbahnen des Ortes inzwischen alle mehr oder weniger verkehrsreiche Straßen geworden seien.

Vgl. H. Müller, in: Mörsberger u. a. (Hrsg.), Der Kindergarten, 1978, S. 277

Integrationshilfe als Motivation

Welche Motive hat ein Kindergartenträger, welche Motive haben Erzieher bei solchen und anderen gemeindebezogenen Arbeiten? Man wird sagen können: Soziale Integrationshilfe ist das Leitmotiv, und zwar Hilfe (hier) für die alten Menschen, um ihnen ein menschenwürdiges Dasein mit zu ermöglichen – Hilfen der sozialen Integration aber auch für die Kinder des Kindergartens. Ähnliche gemeindebezogene Vorhaben kann man sich vorstellen im Hinblick auf „Kindergarten und Behinderte", „Kindergarten und Ausländer" usw. Vor allem im Zusammenhang mit den zahlreichen Exkursionen, die in unseren Kindergärten durchgeführt werden, wäre zu überlegen, inwieweit sie zu gemeindebezogenen und integrierend wirksamen Aktivitäten werden können.

Zunächst und rein äußerlich gesehen können manche gemeindebezogenen Aktivitäten des christlich getragenen Kindergartens mit denen des kommunalen Kindergartens durchaus gleich erscheinen, wobei aber von der wesensmäßigen Begründung der Arbeit her ein Unterschied besteht. Zahlreiche gemeindeorientierte Arbeiten des konfessionellen Kindergartens sind aber auch so eigenständig, daß sie im öffentlichen Kindergarten kaum denkbar wären, wie die folgende Praxisanalyse zeigen wird.

3. Wie sich gemeindebezogene Arbeit praktisch ereignen kann

In der Realität des Kindergartens treffen wir heute bereits auf ein breites und buntes Spektrum an gemeindebezogenen Aktivitäten. Es ist nur zu hoffen, daß dieses Engagement von den Gemeinden her ausreichend gesehen und anerkannt wird. Leitung und Personal, aber auch die Elternschaft vieler Kindergärten, tun hier mit Gewißheit großenteils mehr als ihre Pflicht.

Bei den kirchlichen Kindergärten stehen vor allem folgende Aktivitäten im Vordergrund:

Hauptaktivitäten

- die Beteiligung des Kindergartens an Gottesdiensten (Kinder-, Fest-, Weihnachtsgottesdienst, Andachten, Erntedank usw.);
- die Beteiligung und Mitgestaltung beim Pfarrfest sowie die Pflege des christlichen Brauchtums und die Altenarbeit.

Die folgenden Praxisberichte von Kindergartenleiterinnen sagen es konkreter.

Praxisbericht

„Das gesamte Kindergartenpersonal nahm z. B. am Geschehen des Pfarrfestes teil („Reibekuchenbude" und Kasperlespielangebote). Eine weitere Zusammenarbeit ergab sich bei der Gestaltung des Schützenfestes. Die Pfarrgemeinde wurde vom Kindergarten eingeladen, am Geschehen des Martinstages teilzunehmen, bei Umzug und Rollenspiel in der Kirche sowie am Martinsfeuer. Ebenfalls konnte die Pfarrgemeinde der Aufführung eines Krippenspiels in der Kirche beiwohnen. Auch an Kindergottesdiensten kann die Pfarrgemeinde teilnehmen. Erwähnenswert ist noch, daß Männer aus der Pfarrgemeinde den Vätern, die auf unserem Hofgelände Holzspielgeräte fertigen, mit Rat und Tat zur Seite stehen. Der Kindergarten nahm auch teil an besonderen Festen in der Pfarre: Jubiläum des Pastors und Primizfeier."

Sonstige Aktivitäten

Tatsächlich findet man, wie aus einer eigenen Erhebung vom Jahr 1980 hervorgeht, in unseren Kindergärten etwa folgende weitere gemeindebezogenen Arbeitsformen:

- Sommerfest für die ganze Gemeinde
- Bazare und Flohmärkte
- Mitarbeit der Leiterin und der Erzieher im Pfarrgemeinderat

- Verfassen von Beiträgen im Pfarrblatt oder dem Informationsbrief der Gemeinde
- Ausstellungen, z. B. Bücher und Spielzeug, und Elternabende für alle Eltern aus der Gemeinde
- Erwachsenenbildungsseminare in Zusammenarbeit mit der Pfarrei
- Information über den Kindergarten in der Pfarrgemeinderatssitzung
- die Leiterin erteilt Erstkommunionunterricht
- der Kindergarten organisiert eine Kleidertauschaktion in der Gemeinde
- Gymnastikgruppen für Mütter aus der Gemeinde

Von seinem sozialen Engagement her ist dem Kindergarten besonders an den alten Menschen gelegen. Deshalb gestaltet man Seniorennachmittage, Altenfeste, Krankenbesuche, einen monatlichen Geburtstagskaffee usw. Wo der Kindergarten sich in der Gemeinde besonders engagiert, dürfte wohl im wesentlichen von den Neigungen und Fähigkeiten der Erzieher abhängen, aber auch davon, wie ihr Engagement aufgenommen wird, vor allem von seiten des Trägers.

Elternarbeit –
Öffentlichkeitsarbeit –
Gemeindearbeit

In den konkreten Aktivitäten des Kindergartens gibt es Überschneidungen bei Elternarbeit, Öffentlichkeitsarbeit und Gemeindearbeit. So kann z. B. ein Informationsabend oder ein Fest je nach Sichtweise durchaus diesem oder jenem Arbeitsbereich zugeordnet werden. Manches also, was Elternarbeit ist, kann auch durchaus Gemeindearbeit sein und umgekehrt.

4. Fragen für die Kindergartenleiterin zur gemeindebezogenen Arbeit

Natürlich muß jemand, der einen konfessionell getragenen Kindergarten leiten möchte, sich vor der Übernahme dieses Amtes die grundsätzliche Frage stellen, ob er das bei der betreffenden Trägerschaft, mit ihren mehr oder weniger deutlich ausgesprochenen Erwartungen, leisten kann; ob seine Einstellungen und Auffassungen in ausreichendem Maße mit denjenigen des Trägers, der Eltern und des Kollegiums übereinstimmen. Ratsam ist es auf jeden Fall, zu versuchen, im Vorstellungsgespräch hier die nötige Klarheit zu erreichen, um nicht später die große Enttäuschung oder gar den existenziellen Ruin zu erleben. Wo die nötige Grundharmonie vorhanden ist, dürfte die Form der Kooperation mit dem Träger und das praktische Engagement in der Gemeinde weitgehend noch eine Frage der Absprache sein. Allerdings bleibt (gerade im Überforderungsfalle) die Frage, was und wieviel an Gemeindearbeit zugemutet und eingebracht werden kann, noch schwierig genug. Vielleicht helfen die folgenden Anregungen der jungen oder auch der erfahrenen Leiterin etwas, wobei sich niemand die Kompetenz zubilligen sollte, in diesen teils sehr persönlichen Fragen Vorschriften zu erlassen.

Grundharmonie

1. Mitarbeit im Pfarrgemeinderat. – Eine solche Mitarbeit muß nicht nur als Dienst gesehen werden, sondern hat den Vorteil, daß der Kontakt besteht zu denen, die oft in wichtigen Fragen des Kindergartens entscheiden.

Fragen und Möglichkeiten

2. Einladung des Trägers. – Diese sollte nicht nur zu Festen und Feiern im Kindergarten erfolgen, sondern dem Trägerverantwortlichen muß das Gefühl vermittelt werden, daß er im Kindergarten gerne gesehen ist. Er soll sich dort persönlich angenommen fühlen.

3. Regelmäßige Gespräche. – Der Austausch zwischen Erziehern, besonders der Leitung, einerseits und der Gemeinde bzw. dem Träger andererseits sollte regelmäßig sein. *Wie* regelmäßig, das müßte die Leiterin mit dem Trägervertreter abklären. Jeder weiß, daß der regelmäßige Austausch nicht nur gegenüber Vorurteilen und Gerüchten eine vorbeugende Funktion hat, sondern auch für die positive Beziehung wichtig ist.

4. Aktive Transparenz. – Die Leiterin wird darauf achten und ihre Kolleginnen dazu ermuntern, daß sie von sich aus dem Träger und der Gemeinde die Arbeit ausreichend transparent machen, z. B. durch Berichterstattung, Schriften usw. Also nicht abwarten, bis Träger und Gemeinde „kommen" und sagen: „Was macht ihr eigentlich?" Oft brodelt es dann schon in der Gerüchteküche; das Sprichwort sagt: Vorbeugen ist besser als Heilen.

5. Angebote machen. – Mit dem soeben erörterten Punkt hängt auch die Frage zusammen, welche Angebote der Gemeinde gemacht werden können, bevor der Träger mit seinen Ansprüchen kommt. Eine selbst initiierte Aktivität, z. B. bei der Mitgestaltung einer Feier, zeugt meist von größerem Engagement und einer besseren Motivation, als wenn man sich mehr oder weniger dazu gezwungen sieht und nur halbherzig mitmacht.

6. Gemeinsamkeit anregen. – Bei der Zusammenarbeit mit Träger und Gemeinde soll der Kindergarten nicht nur „für" die Gemeinde arbeiten, sondern es müssen sich auch gemeinsame Unternehmungen ergeben, z. B. Besinnungstage, Betriebsausflug u. ä.

7. Laufende Information. – Die Leiterin muß auch zum Thema „Kindergarten in der Gemeinde" wissensmäßig auf dem laufenden sein und das Kollegium informieren, z. B. indem sie Informationsmaterialien oder Artikel zur religiösen Erziehung oder zur Gemeindearbeit in die Arbeitsbesprechungen einbringt.

8. Die Konzeptionsfrage einbringen. – Die Gemeindearbeit des Kindergartens bedarf der gründlichen Überlegung; Begründungen, Motivationen und Verfahren sind zu bedenken, mit anderen Worten: Es geht nicht ohne Konzeption zu diesem Arbeitsbereich. Um die Konzeptionsfrage muß sich die Leiterin maßgeblich kümmern und sie ins Team einbringen, und zwar nicht, indem sie dem Team ein fertiges Konzept vorlegt – ein solches Vorgehen ist nicht motivierend und führt dazu, daß die Mitarbeiter sich nicht damit identifizieren, weil es nicht „ihr" Konzept ist –, sondern es geht um die gemeinsame Erarbeitung.

9. Tun wir genug und das Richtige? – Bezogen auf die Gemeindearbeit ist es für die Leiterin selbst und das Team ratsam, sich hin und wieder diese Frage zu stellen. Gerade weil die gemeindebezogene Arbeit des Kindergartens quantitativ nirgendwo festgelegt oder vorgeschrieben ist und deshalb als ein Faß ohne Boden erscheinen könnte, und zwar noch mehr als z. B. Elternarbeit und Öffentlichkeitsarbeit, müssen Leiterin und Team sich fragen – möglichst gemeinsam mit dem Träger –, was zu tun ist und was nicht, und erörtern: „Wo wird bei uns Integration in der Gemeinde sichtbar?"

10. Reichen Wissen und Können aller aus? – Gemeindebezogene Arbeit ist ein sehr weites und komplexes Gebiet, vor allem beim christlichen Träger durch die theologische und religionspädagogische Verknüpfung. Deshalb wird die Leiterin mit ihrem Team redlich die Frage nach der eigenen Kompetenz zu stellen haben. Gegebenenfalls kann eine hausinterne Fortbildung mit dem Pfarrer vereinbart werden, oder es wird eine zentral angebotene Fortbildung zum Thema besucht.

Wer einen Kindergarten leitet, kennt natürlich auch die mit der Gemeindearbeit verbundenen Probleme und die dementsprechenden Fragen. Oft genug wird eine Leiterin auch hier Rückschläge verkraften müssen, wenn diese oder jene Instanz sich nicht aktiviert oder gar bremst, sei es z. B., daß eine Mitarbeiterin nicht mitarbeiten will oder (noch) nicht kann. Durchhaltevermögen, aber auch das Vorbild sind hier vonnöten. Das richtige Vorbild ist aber auch tolerant und läßt den anderen sein Tempo gehen. Gute und überzeugte Gemeindearbeit muß wachsen und kann nicht verordnet werden – sonst ist sie äußerlich.

Probleme

Literaturhinweise
Zeitschrift „Welt des Kindes",
Heft 5 1977 (Themenheft);
Zeitschrift „Welt des Kindes",
Heft 2 1985 (Themenheft);
Unser Kindergarten in der Gemeinde, Band 6 der Reihe: Förderprogramm für den Kindergarten, hrsg. vom Comenius-Institut, Münster 1979

X. Die Öffentlichkeitsarbeit des Kindergartens – welches sind die Aufgaben der Leiterin dabei?

Jeder Kindergarten hat seine Öffentlichkeit, in die hinein
er „wirkt". Die Öffentlichkeit hat von ihm ein „Bild". Das
kann ein gutes oder weniger gutes oder gar ein schlechtes
Bild sein. Der Kindergarten kann nun sehr gezielt an seinem Bild – an „seinem Image" – arbeiten und etwas dafür
tun, er kann es aber auch dem Zufall überlassen, was
„man" sich für ein Bild vom Kindergarten „macht". Von
einem ist aber mit Gewißheit auszugehen: Es existiert in
der Öffentlichkeit, die den Kindergarten umgibt, eine
mehr oder weniger positive und eine mehr oder weniger
berechtigte Vorstellung über den Kindergarten. Den Erziehern, insbesondere der Leiterin, kann es nun aber nicht
gleichgültig sein, welches Bild „ihre" Einrichtung in der
Öffentlichkeit hat, wie man über sie und ihre Arbeit
denkt. Deshalb halte ich es für ratsam, sich mit den Fragen der Öffentlichkeitsarbeit zu befassen.

**Der Kindergarten kann sein
Bild machen**

1. Was heißt und was ist Öffentlichkeitsarbeit?

Wenn die Leiterin im Büro den Telefonhörer abnimmt
und spricht; wenn sie einen Vertreter empfängt, ist das
dann schon Öffentlichkeitsarbeit? Oder wenn ein Sommerfest veranstaltet wird, oder ein Gottesdienst, an dem
sich der Kindergarten maßgeblich beteiligt – ist dies Öffentlichkeitsarbeit? Man muß vorsichtig sein mit der Antwort darauf und der Festlegung dessen, was Öffentlichkeit des Kindergartens sein soll und wie die Öffentlichkeitsarbeit des Kindergartens zu verstehen ist.
Das Wort „öffentlich" ist zunächst einmal das Gegenteil
von „privat", so etwa bei öffentlichen Interessen und privaten Interessen. Für den Kindergarten kann man auch
von einem internen und einem externen Bereich sprechen,
wobei die Öffentlichkeitsarbeit den externen Bereich betrifft. Doch wer gehört alles dazu? Werfen wir einen Blick
auf das folgende Schema:

Öffentliche Wirksamkeit

Schema

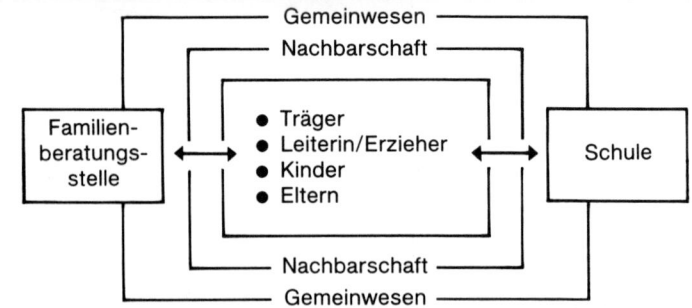

Mit dem Schema möchte ich einem Mißverständnis zuvorkommen, nämlich den Träger und die Eltern zur „Öffentlichkeit" des Kindergartens zu rechnen. Diese Auffassung wird manchmal vertreten. Sie ist deshalb falsch, weil beide – für den Träger gilt dies ganz besonders – so eng mit dem Kindergarten verbunden sind, daß sie in viel stärkerem Maße „dazugehören" als die übrigen Instanzen, mit denen der Kindergarten in Kontakt steht bzw. stehen sollte. Nicht alle Instanzen und Personen also, die über die Kindergartenarbeit informiert werden können, zählen zur Öffentlichkeit. Dies gilt auch dann, wenn z. B. der Träger oder manche Eltern noch so wenig über die Kindergartenarbeit wissen oder sich dafür noch so wenig interessieren. Sie sind dann zwar Adressaten unserer Informationen, zählen jedoch deshalb allein noch nicht zur Öffentlichkeit. Wir müssen somit deutlich unterscheiden zwischen Öffentlichkeitsarbeit und Elternarbeit. In beiden haben wir es mit Information und Kommunikation zu tun, und in beiden gibt es viele Gemeinsamkeiten. Zur Öffentlichkeit gehören nun allerdings die Eltern, die ihre Kinder noch nicht oder nicht mehr im Kindergarten haben und deshalb mit dem Kindergarten in Kontakt treten oder bleiben. Zur Öffentlichkeit im strengen Sinn gehören weiter die Nachbarschaft und das Gemeinwesen, in deren Gebiet der Kindergarten seinen Platz hat, außerdem die Schule und die näher oder ferner gelegenen Beratungsstellen, mit denen der Kindergarten zusammenarbeitet. Bei Schule und Beratungsstellen, mit denen kooperiert wird, ergibt sich allerdings eine engere Beziehung als zur übrigen Öffentlichkeit, z. B. wenn Lehrer oder Psychologen regelmäßig im Kindergarten mitarbei-

Öffentlichkeitsarbeit und Elternarbeit

Öffentlichkeit im strengen Sinn

ten. Ähnliches gilt für die Ausbildungsstätte, deren Praktikanten der Kindergarten hat.

Öffentlichkeitsarbeit des Kindergartens soll hier verstanden werden als die gezielte Kommunikation des Kindergartens mit seiner Öffentlichkeit. Ich möchte drei Funktionen der Öffentlichkeitsarbeit unterscheiden: erstens die Darstellungsfunktion, zweitens die Integrationsfunktion und drittens die Anregungsfunktion. Was heißt dies im einzelnen?

Drei Funktionen der Öffentlichkeitsarbeit

1. Die Selbstdarstellung. – Dabei handelt es sich darum, daß der Kindergarten – und das können Erzieher, Eltern, Kinder und eventuell Träger sein – sich und ihre Arbeit der Öffentlichkeit vorstellen und zwar im möglichst positiven und selbstverständlich auch realistischen Sinne. Dies widerstrebt manchen Erziehern etwas von ihrem sozialpädagogischen Selbstverständnis und ihrer Berufsauffassung her. Sie stellen sich auf den Standpunkt: Wenn ich gut arbeite, wird dies schon seine Früchte haben und sich von selbst herumsprechen. – Da ist etwas Wahres dran, aber eben nur etwas. In vielen Fällen spricht es sich nicht herum. Besonders problematisch ist es dann, wenn berechtigt oder unberechtigt, ein eher negatives Bild vom jeweiligen Kindergarten vorherrscht. Auch über den Kindergarten findet in der Bevölkerung ein ständiger Austausch statt, bei dem sich Meinungen festigen. Weil nie genau gesagt werden kann, welche Meinungen sich durchsetzen, ist es ratsam, sie gezielt zu beeinflussen. Mit positiver Selbstdarstellung geht es also besser.

Gute Arbeit gut darstellen

2. Die Integration. – Über den Weg der positiven Selbstdarstellung bzw. überhaupt der Öffentlichkeitsarbeit verbessert sich meist auch die Beziehung zu Nachbarschaft und Gemeinwesen und zu den Kontaktinstanzen des Kindergartens. Unter Integration verstehe ich den Zustand der gefühlsmäßig erfreulichen Beziehung zwischen den Personen des Kindergartens und denen der Öffentlichkeit, z. B. der Nachbarschaft und Gemeinde. Man könnte auch von emotionaler Einbindung sprechen. Das Gegenteil ist Desintegration, d. h., daß „der Kindergarten" – wohl in erster Linie Leiterin und Erzieher – sich außerhalb stehend fühlen. Daß solche Bindungen durch Kommunikation, z. B. bei Fest und Feier mit der Bevölkerung,

Der Kindergarten bezieht sich ein

beeinflußt werden, liegt auf der Hand. Integration, was auch verstanden werden kann als „gute Beziehungen haben", ist einerseits Voraussetzung für positive Selbstdarstellung, kann aber andererseits auch die Folge davon sein. Alle Funktionen gehen in der Wirklichkeit ineinander über.

3. Die Anregung. – Gemeint ist die Anregung für die Verbesserung der eigenen Arbeit. Öffentlichkeitsarbeit kann durchaus innovative Impulse geben, d. h. Anstöße, um aus dem eingefahrenen Trott herauszukommen und bei sich selbst und der eigenen Arbeit Lücken zu entdecken. Der

Lernen aus Öffentlichkeitsarbeit

Anregungsfunktion der Öffentlichkeitsarbeit liegt die Vorstellung zugrunde, daß Leiterin und Erzieher für die Darstellung der Arbeit in der Öffentlichkeit über die eigene Arbeit eine fundierte Konzeption haben sollen, aus der u. a. hervorgeht, weshalb Kindergartenpraxis von ihnen so und nicht anders gestaltet wird. Darüber hinaus erhält der Anbieter von qualifizierter Öffentlichkeitsarbeit aber auch Rückmeldungen, woraus sich Impulse für Erhaltung oder Veränderung der Arbeit ergeben werden.

2. Die praktischen Formen der Öffentlichkeitsarbeit

Für die Verwirklichung der Zielsetzungen der Öffentlichkeitsarbeit gibt es nun zahlreiche Wege. Wir sprechen dabei am besten von Formen der Öffentlichkeitsarbeit. Schon bevor die Formen dargestellt werden, möchte ich

Formen sind mögliche Formen

hervorheben, daß es mögliche (!) Arbeitsformen sind und daß jeder Kindergarten und jede Leiterin mit ihrem Team die für sie geeignetsten auswählen möge. Auch hier gilt, wie z. B. für die Elternarbeit: Es kann und soll nicht alles getan werden. Was aber geschieht, das soll begründet, überlegt und engagiert getan werden. An dieser Stelle ist es nicht möglich, auf alle Formen und Möglichkeiten der Öffentlichkeitsarbeit detailliert einzugehen, geschweige denn eine fundierte Methodik vorzustellen. Hier sollen die Formen nur im Überblick vorgestellt werden, wobei im einzelnen auf Aspekte hinzuweisen ist, die für die Leiterin besonders wichtig sein können.

Gerne möchte ich auf das von mir, A. Scholten und U. Tolksdorf verfaßte Buch „Der Kindergarten stellt sich vor. Praxis der Öffentlichkeitsarbeit" (Herder-Verlag) hinweisen.

2.1 Das „Schwarze Brett" oder die Informationstafel

Nicht nur Eltern, sondern die Öffentlichkeit überhaupt haben Interesse am Kindergarten bzw. sollten dies haben. Oft ist das Schwarze Brett oder die Informationstafel das erste, was dem Kindergartenbesucher beim Betreten des Kindergartens begegnet. Die „Tafel" darf deshalb fast wörtlich als „Aushängeschild" des Kindergartens betrachtet werden. In manchen Kindergärten steht oder hängt sie aber auch ein wenig versteckt. Ob sie da „informiert", ist nicht immer sicher. Die Handhabung der Informationstafel bzw. des Schwarzen Brettes muß von der Leiterin besonders beachtet werden. Leiterinnen wollen normalerweise informiert sein über das, was ans Brett kommt, und ich glaube, nicht zu Unrecht. Wer im Ernstfall für die Einrichtung seinen Kopf hinzuhalten hat, der sollte im Prinzip auch über das Aushängeschild befinden dürfen. Es muß dabei nicht ständig eine strenge Zensur ausgeübt und kleinlich verfahren werden.

„Aushängeschild"

2.2 Der Handzettel

Sowohl für die Elternarbeit wie auch in der Öffentlichkeitsarbeit ist der Handzettel geeignet, um kurzfristig noch einmal auf bestimmte Veranstaltungen oder Ereignisse hinzuweisen, z. B. eine Feier oder ein Fest. Sie können in Geschäften ausgelegt oder sonst verteilt werden. Der Handzettel muß Interesse weckend gestaltet sein, auf keinen Fall „überladen"; nur wenige Informationen geben, die antworten auf die Fragen: Wer, wann, wo, was? Der Handzettel ist eine bei Erziehern sehr beliebte Form und wird in fast allen Kindergärten benutzt.

Nicht zu viele Informationen

2.3 Die Kindergartenzeitung

Es wurde darüber schon bei der Elternarbeit berichtet, weil sie sehr verwandt ist mit dem umfassenden und regelmäßig erscheinenden Elternbrief. Die Leiterin sollte aber mit ihrem Team gemeinsam beachten, daß gerade diese Form auch die über die Eltern hinausgehenden Instanzen erreichen kann, z. B. Schule, Beratungsstellen, Gemeinde usw. Auch ergänzend zu anderen Formen, wie z. B. am Tag der offenen Tür, sollten evtl. übriggebliebene Exemplare zur Einsicht oder zum Verkauf vorhanden sein. Die **Sprachrohr** Kindergartenzeitung ist das Sprachrohr des Kindergartens; er kann hier Erfreuliches und eventuell auch einmal Kritisches äußern, wenn es angebracht erscheint. Natürlich ist es aufwendig, regelmäßig zu schreiben, zu vervielfältigen usw. Allerdings ist es geradezu eine Freude zu sehen, was in vielen Kindergärten – bei Ermunterung und Engagement von seiten der Leiterin – hervorgebracht wird.

2.4 Plakate

Ein gutes Plakat soll mindestens 30 mal 40 cm groß sein und darf nicht zuviel Text und nicht zuviel Bild haben. Es wird sonst übersehen. Wie beim Handzettel soll der Betrachter des Plakates, der es meistens eilig hat, eine knappe Antwort auf die vier W-Fragen erhalten: Wer, **Für den eiligen Betrachter** was, wann, wo? Kinderzeichnungen auf Plakaten wirken oft zu ungegliedert und zu wenig pointiert – wohlgemerkt: zu dem Zweck, den Blick des eiligen Betrachters zu fesseln. Doch auch hier gilt: Keine Regel ohne Ausnahme. Der Schriftteil, bei dem man am besten Druckbuchstaben verwendet, sollte etwa ein Drittel des Plakates nicht überschreiten.

2.5 Der Zeitungsbericht

Die Leiterin tut gut daran, in Zusammenarbeit mit ihrem Team den Kindergarten des öfteren in die Presse zu bringen. Der Redakteur der Lokalpresse kann zu vielen Anlässen in den Kindergarten eingeladen werden, z. B. bei Fest und Feier, bei Exkursionen, Neuanschaffungen besonderer Art usw. Er macht ein paar gute Bilder, und der Kindergarten erscheint in der Zeitung. Darüber freuen sich Eltern und Erzieher und nicht zuletzt die Kinder. Aufgabe der Leiterin ist es, die Verbindung zu der zuständigen Person von der Presse zu halten. Sie darf ruhig etwas absichtsvoll diese „Beziehung pflegen". Natürlich kann die Leiterin oder eine Kollegin auch selbst einen Bericht abfassen und ihn der Zeitungsredaktion überbringen. Wenn wir einmal vergleichen, wie oft andere pädagogische und sonstige Einrichtungen (Vereine, Politiker usw.) vergleichsweise in der Lokalpresse erscheinen, dann müßte von seiner wirklichen Bedeutung her der Kindergarten um ein Vielfaches mehr vertreten sein. Immerhin gibt es aber auch schon viele Kindergärten, von denen die Wichtigkeit einer regelmäßigen Pressearbeit erkannt wurde. In manchen Kindergärten ist die Leiterin und ihr Team so engagiert und so mutig, daß sie – unter Absprache mit ihrem Träger – Leserbriefe verfaßt und in die Zeitung gebracht haben.

Der Kindergarten gehört in die Zeitung

2.6 Die Informationsschrift über den Kindergarten – Konzeptionsschrift

Viele Kindergärten haben sich während der letzten Jahre die mühevolle Arbeit gemacht, über ihre Einrichtung eine spezielle Informationsschrift zu erstellen. Gedacht ist eine solche Schrift für interessierte Eltern (besonders solche, die ihr Kind noch nicht im Kindergarten haben und unter mehreren Kindergärten „den richtigen" suchen), für die Schule, die Öffentlichkeit überhaupt, nicht zuletzt aber auch für die Erzieher selbst; denn die Informationsschrift soll die pädagogische Konzeption ihrer Arbeit enthalten: Ziele, Verfahren und besondere Methoden der Kindergartenarbeit, religiöse Erziehung, Bedeutung des Freispiels usw.; auch über Personal, Träger und sonstige Voraussetzungen der Institutionen soll die Schrift informieren, und nicht zuletzt über Bedeutung und Praxis der Zusammenarbeit mit Eltern und die Kooperation mit der Schule.

Die pädagogische Arbeit darstellen

Die Konzeptionsschrift kann bei vielen Anlässen dienlich sein, z.B. bei den Aufnahmegesprächen für die neuen Kinder, bei Bewerbungsgesprächen mit neuen Mitarbeitern, bei Elternabenden und Informationsveranstaltungen, am Tag der offenen Tür usw.

Verwendung

Die Erarbeitung der Informationsschrift ist eine nicht eben anspruchslose Sache und nicht mit der linken Hand zu erledigen. Ohne Anstöße der Leiterin und ohne ihre kontinuierliche Animation ist dies nicht möglich. Viele Leiterinnen weisen heute schon – gemeinsam mit ihrem Team und nicht ohne Berechtigung – stolz auf ihre Konzeptionsschrift hin. Sie haben dafür viel investiert.

2.7 Der Schaukasten

Manche Kindergartenleiterinnen weisen auch gerne auf den Schaukasten ihres Kindergartens hin. Ähnlich wie Plakate soll der Schaukasten kurzfristig die Aufmerksamkeit von Passanten auf sich lenken. Er muß – und sollte sich – keineswegs immer am Kindergarten befinden, denn dort kann mit der Gestaltung der Fenster oder der Kindergartentür „gewirkt" werden. Geeignet für die Anbringung von Schaukästen sind oft Haltestellen, Kirchenmauern, Geschäftsgebäude u. ä. Vorteilhaft beim Schaukasten ist, daß er beleuchtet werden kann und daß darin auch Gegenstände anzubringen sind, z. B. Bastelarbeiten. Die Leiterin kann vielleicht auch bewirken, daß der Kindergarten mit anderen Institutionen einen Schaukasten gemeinsam benutzt. Beim Gemeindekindergarten wird ihr das die Gemeinde, beim konfessionellen Kindergarten die Pfarrei wohl nicht so ohne weiteres abschlagen.

Geeignete Orte

2.8 Der Tag der offenen Tür

Eine Form, die im Kindergarten oft für die Elternschaft durchgeführt wird, in ihrer ganzen Art aber deutlich zur Öffentlichkeitsarbeit gehört, ist der Tag der offenen Tür. Nicht ohne Grund führen heute zahlreiche Institutionen solche Veranstaltungen durch – Krankenhaus, Feuerwehr, Schule usw. Alle möchten sie dabei in der Bevölkerung für sich selbst werben sowie Vorurteile und Ängste abbauen. Leiterin und Team des Kindergartens müssen einen solchen Tag der offenen Tür gut planen und gestalten. Die Leiterin sollte dabei vor allem an ihre Repräsentationsaufgabe denken; wer den Kindergarten sehen will, der möchte wohl auch die Leiterin zu Gesicht bekommen

Vorurteile abbauen

und möglichst mit ihr ein paar Worte gewechselt haben. Wo dies geht, sollte sie das in Kooperation und Absprache mit dem Team ermöglichen.

2.9 Der Informationsstand

Für die meisten Leiterinnen und Erzieherinnen löst die Idee, einen Informationsstand des Kindergartens zu machen, zunächst meistens Erstaunen und Skepsis aus, die aber bei genauer Erläuterung der Umstände, unter denen das gedacht ist, dann doch zu mehr Zustimmung führen. Ein solcher Stand kann z. B. bei einem Pfarr- oder Gemeindefest oder einem Tag der offenen Tür eingerichtet werden. Ein Kindergarten richtete den Informationsstand bei einem Vereinsfest vor dem Festzelt ein. Die Leiterin berichtete begeistert davon. Mehrere Kindergärten gingen gemeinsam mit einem Stand in der Innenstadt an die Öffentlichkeit, als die Schließung eines Kindergartens ins Gespräch kam. Ihr Motto lautete: Wozu Kindergarten? Eine solche Aktion wird die Leiterin nach sorgfältiger Vorarbeit im Team klug mit dem Träger absprechen.

Z. B. beim Gemeindefest

2.10 Die Informationsveranstaltung für die Öffentlichkeit

Was der Kindergarten tut und wozu er nützt, darüber zu informieren soll eine solche Informationsveranstaltung dienen. Sie ist vergleichbar mit einem entsprechenden Elternabend für die gesamte Elternschaft des Kindergartens, wendet sich aber gezielt an die gesamte interessierte Öffentlichkeit: Lehrer, zugezogene Eltern, junge Leute vor der Berufswahl, interessierte und politisch verantwortliche Bürger, z. B. Gemeinderäte, Jugendwohlfahrtsausschuß oder Kirchenvertreter. Die Leiterin und ihr Team sollten nicht bedauern, wenn dabei nicht immer Massen von Menschen mobilisiert werden. Darauf kommt es nicht an. Ein geeigneter Zeitpunkt wäre z. B. der Beginn des neuen Kindergartenjahres. Außerdem aber auch der Tag der offenen Tür, ein Pfarr- oder Gemeindefest. Die Veranstaltung muß unter der Hauptverantwortung der Leiterin und mit gutem Engagement des

Vielerlei Adressaten

gesamten Teams gut geplant und vorbereitet sein, und vor allem muß mit Medien, z. B. Film oder Diareihe, gearbeitet werden.

2.11 Jubiläumsfeier und Gemeindefest

Die Leiterin wird sich für die Geschichte ihrer Einrichtung interessieren und gemeinsam mit dem Team darauf achten, daß wichtige „Geburtstage" nicht versäumt werden. Die „runden" Zahlen sind es, die Anlaß für eine größere Veranstaltung des Kindergartens sein müssen, wobei Personal, Träger und Eltern wohl gemeinsam befinden, was hier „rund" heißt. Die Leiterin wird alle Beteiligten auf die Bedeutung der langfristigen Planung aufmerksam machen, weil bei einem Fest im größeren Stil ein ziemlicher Aufwand erforderlich ist. In der Beliebtheitsskala steht im Gegensatz zu anderen Aktivitäten der Öffentlichkeitsarbeit das Fest für Eltern und Umgebung des Kindergartens ganz hoch oben. Auch in der Wirklichkeit des Kindergartens erfreut sich das Fest einer großen Beliebtheit.

Langfristige Planung

3. Die Bedeutung der Leitungsfunktionen für die Öffentlichkeitsarbeit

Die Rolle und Aufgabe der Leitung sehe ich in einer Reihe von Funktionen. Was bedeuten diese für die Öffentlichkeitsarbeit?

Vgl. Kapitel I. S. 11 ff. dieses Buches.

a) *Integrieren:* Für gute Beziehungen zu sorgen, wird von der Leiterin meist als die allerwichtigste ihrer Aufgaben angesehen. Das soll auch in der Öffentlichkeitsarbeit nicht außer acht gelassen werden. Der Kindergarten soll ein Stück der Gemeinde sein und sich als von ihr angenommen empfinden.

b) *Organisieren und koordinieren:* Öffentlichkeitsarbeit darf nicht auf Kosten der Qualität der Kindergartenarbeit im engeren Sinn gehen, etwa zu Ungunsten der Kinder. Deshalb wird die Leiterin für eine gute Organisation, für den richtigen Umgang mit Zeit und Ort und für die richtige Anzahl von Aktivitäten Sorge tragen. Gut organisiert ist dabei wirklich oft schon fast getan. Vieles „läuft" dann wie von selbst.

c) *Verantworten:* In der Öffentlichkeitsarbeit tritt der Kindergarten nach außen. Er öffnet gleichsam seine Tore. Was dabei sichtbar wird und wie dies geschieht, verantwortet – zwar gemeinsam mit dem Team – im letzten aber die Leiterin.

d) *Informieren und beraten:* Die Leiterin informiert, gemeinsam mit ihrem Team, die Öffentlichkeit über die Arbeit im Kindergarten. Sie informiert und berät aber auch die Kolleginnen in Sachen Öffentlichkeitsarbeit und läßt sich von diesen beraten. Beratung ist wechselseitig.

e) *Kooperieren:* Auch auf die Zusammenarbeit „mit der Öffentlichkeit" ist die Leiterin in irgendeiner Form angewiesen, z. B. wenn es um den Ruf oder das Image des Kindergartens geht. Öffentlichkeit ist dabei oft teilidentisch mit Gemeinde und zukünftiger Elternschaft. Die Leiterin weiß vor allem, daß sie ohne interne Zusammenarbeit, also ohne das Team und ohne die Elternvertreter, eine gute Öffentlichkeitsarbeit nicht leisten kann.

Trotz der Vielfalt soll die Kindergartenleitung Spaß machen

f) *Delegieren:* Die Leiterin kann auch in der Öffentlichkeitsarbeit nicht alles selbst tun, soll aber auch nicht alles alleine tun wollen – also auch hier Bereitschaft zum Delegieren.

g) *Aktivieren:* Keineswegs „liegt" allen Erzieherinnen die Öffentlichkeitsarbeit. Je nachdem, um was es dabei geht, reißen sie sich nicht gerade darum. Zu manchem muß die Leiterin sie gewiß öfter anhalten und ermuntern.

h) *Paragraphen:* Förmlicher Vorschriften für die Durchführung von Öffentlichkeitsarbeit bedarf es wohl deshalb kaum, weil die Begründungen für Öffentlichkeitsarbeit in sich einleuchtend genug sind.

i) *Repräsentieren:* Die Leiterin vertritt den Kindergarten in der Öffentlichkeitsarbeit – mit dem Team, aber sie als Leiterin tut dies in anderer Weise als das Team. Sie hat ein anderes Amt und soll dementsprechend auch die Einrichtung vor der Öffentlichkeit repräsentieren.

Gerade in der Öffentlichkeitsarbeit gibt es Anlässe, dies – nicht in Abhebung vom Team, sondern als Leiterin mit diesem zusammen – zu tun.

j) *Innovieren:* Wenn das jährliche Sommerfest für die ganze Umgebung des Kindergartens als gelungen und wirksam zu betrachten ist, wird man es nicht so leicht abschaffen. Doch auch in der Öffentlichkeitsarbeit gilt es zu erneuern (innovieren), was nicht mehr effektiv ist. Tradition ja – aber hier nicht auf Kosten besserer Einsichten.

k) *Kontrollieren:* Sich selbst, die eigene Arbeit und die des Teams kollegial und partnerschaftlich zu prüfen gilt auch für die Öffentlichkeitsarbeit. Die Analyse und Auswertung einzelner Aktivitäten dürfte der engagierten Leiterin ein Anliegen sein.

l) *Entscheiden:* Die Öffentlichkeitsarbeit im Kindergarten muß vom ganzen Team mitgetragen werden, gerade weil sie zum Teil so große Anstrengungen erfordert. Das Team wird im wesentlichen befinden, welche Formen zu bevorzugen sind. Im einzelnen Fall, wo sich etwa gar keine Einigung erzielen läßt, wird die Leiterin entscheiden müssen, wie es sein soll. Ein gutes und gut geleitetes Team akzeptiert, daß es Leitung gibt; ja, es trägt diese mit.

*

Abschließend und ausblickend darf ich noch einmal erwähnen: Die Leiterin ist der zentrale Faktor des Kindergartengeschehens – gleichsam das Herzstück. Deshalb darf sie aber nicht auf sich allein gestellt sein und zu vieles selbst tun wollen. Sie gehört zum Team, das die Arbeit trägt. Was in diesem Buch über Kindergartenleitung gezeigt wurde – es konnte ja keineswegs alles gesagt werden –, sind Möglichkeiten der Arbeit – Angebote, aus denen gewählt werden möge. Ich hoffe, daß sie hilfreich sind, und darf mein großes Interesse an Rückmeldungen bekunden.